指導靈全書

召喚七種靈性幫手，完成你的今生使命

The Seven Types of Spirit Guide

How to Connect and Communicate with Your Cosmic Helpers

賈米莉．潔穆賈 Yamile Yemoonyah————著

非語————譯

各方推薦

「在這本扎實而華麗的著作中，賈米莉打開了那扇門，邀請我們進入靈的幫手和指導靈的界域，那裡美麗而慈愛。閱讀本書將會使你在最深入的層次感到安心無疑慮，使你的人生的每一分鐘都得到愛、支持、看護。在賈米莉幫助你與你的指導靈連結之際，和平沖刷著你。」

——桑妮雅・喬凱特（Sonia Choquette）
《邀請你的指導靈》（*Ask Your Guides*）暢銷書作者

「賈米莉・潔穆賈的著作清晰明確、包羅萬象、容易領會。身為已被啟蒙的聖特利亞教女祭司（Santeria Priestess），我尤其欣賞她獨特的多元文化態度。如果你已經準備就緒，要與你的指導靈建立更深入的連結，這就是適合你的著作。」

——卡洛琳・威爾金斯（Carolyn Wilkins）
靈媒、靈氣療癒師，海洋女神葉瑪雅（Yemaya）女祭司

「隨著我們在靈性上進化，保持思想開明、擴大感知是非常重要的。我確實感覺到賈米莉的著作擁有那把鑰匙，可以開啟我們內在的許許多多，可以揭露某份更偉大的理解，明白在靈魂層面我們是誰，同時領會到，我們被這個宇宙以及與我們共享空間的所有那些存有深愛著。」

——東尼・史托克威爾（Tony Stockwell）

靈媒兼作家

「這是一本絕對了不起的著作，將會幫助你召請和啟動你的靈性支援團隊。如果你想要連結你個人的指導靈和幫手團隊，那麼我再怎麼推薦也不為過。」

——芮貝卡・坎貝爾（Rebecca Campbell）

《光是新的時尚黑》（*Light Is the New Black*）

與《御光神諭卡》（*Work Your Light Oracle Cards*）暢銷書作者

「關於賈米莉的工作，我最喜愛的部分是，它使我們想起，每一個人都值得擁有指導靈，而且她最終也教導我們認識指導靈。」

——凱爾・格雷（Kyle Gray）

《天使數字書》（*Angel Numbers*）與《提升你的振動》（*Raise Your Vibration*）暢銷書作家

「對於想要更加了解指導靈的人們來說，這本書是絕對完美的。是的，每一個人都有指導靈，而且賈米莉已經明確闡述，一個人可能擁有哪些類型的指導靈，以及我們大家該如何觸及祂們。實在是一本難以置信的好書啊！」

——克蕾兒・史東（Claire Stone）

《女性大天使》（*The Female Archangels*）暢銷書作家

「賈米莉滔滔不絕的分享她對指導靈的了解。她讓我們看見每一個人都有指導靈，以及我們該如何學會與祂們溝通。此外，我喜愛她書中有一整章專門談論自然靈。」

——凱倫・凱伊（Karen Kay）

《精靈神諭卡》（*Oracle of the Fairies*）

與《美人魚智慧訊息卡》（*Messages from the Mermaids*）作者

「一本實用指南，觸及且理解指導靈的世界。賈米莉懷著從業人員的熱情寫作，同時展現出有經驗的靈媒的真誠描述。我讚賞賈米莉撰寫她的第一本著作，也推薦這本書給所有追求真理的人。」

——安・崔荷恩（Ann Treherne）

愛丁堡亞瑟柯南道爾中心（Arthur Conan Doyle Centre, Edinburgh）主席、

《亞瑟與我》（*Arthur and Me*）作者

本書謹獻給我的父母親，包括給予我生命的親生父母，
以及更重要的是，撫養我長大的養父母，
他們直到今天仍舊慈愛地支持著我所做的每一件事。

目錄

引言——

由聖靈指引

打從一開始，「聖靈」（Spirit）就一直指引著我的人生，儘管我並不是每次都意識得到。更明確的說，當我談論「聖靈」時，我的意思是一切造物背後的宇宙原力。你也可以稱之為「上帝」（God）、「宇宙」（Universe）、「造物主」（Creator）、「原力」（the force），或是對你有意義的任何其他名稱。被「聖靈」引導並沒有使我變得特殊，我們每一個人都有那份特權。你可能跟我一樣沒有意識到，但這份指引是你隨時可用的，它以指導靈（spirit guide）的形式出現，而指導靈扮演「宇宙」的大使。在本書中，我將會教你懂得如何與這些指導靈連結和溝通，讓祂們可以幫助你為自己、為他人、為整個世界創造更美好的未來。但是，首先且讓我回溯一下，告訴你我如何開始偵測到指導靈在我人生中的影響。然後我想要描述一下這件事如何永遠改變了我，以及你的指導靈可以如何為你做到同樣的事。

我成長在一個沒有宗教信仰的家庭，有著信奉科學勝過任何一種靈性信念的父親和母親。這意謂著，我平時接觸的知識，不足以解釋發生在我二十五歲左右且改變了我的人生歷程的事件。當時，我住在德國，對自己的人生方向茫然無頭緒。我知道我感覺到內心深處有一份呼喚，但不明白它意謂著什麼或是該怎麼處理它。我覺得卡住了，很沮喪，時常納悶自己是不是有毛病。我甚至考慮住進精神病院好好檢查，因為我感知到自己分崩離析，正在尋找一種修復自己的方法。回顧過去，我理解到，這是我成為指導靈靈媒的旅程起點。我即將學習，該如何將訊息傳遞給尚未學會親自與自己的宇宙幫手溝通的人們。

二十六歲生日過後大約一個月，我在凌晨四點左右醒來，發現一位我從來沒有見過的男子站在我的臥室門口。他穿著牛仔褲，但沒穿襯衫、鞋子或襪子。他的頭髮又短又黑，皮膚是棕色的，看起來彷彿有南美原住民血統，就跟我一樣。我盯著他看，他也盯著我看。然後，他不知道從哪裡拿出一顆發光的紅色球體，大小如同棒球，盤旋在他向上伸出的右手上方。球看起來就像黃昏時的小小太陽，即將消失在地平線以下。他把球扔過來給我，我還記得球落在我身邊的床上，造成撞擊。我知道的下一件事情是，隔天早晨我睜開眼睛，納悶著到底發生了什麼事。

兩天後，我登上一列火車，要去參加在柏林舉行的薩滿信仰（shamanism）工作坊，我在幾週前報了名。主辦單位是邁可．哈納（Michael Harner）創立的薩滿研究基金會（Foundation for Shamanic Studies），而哈納是人類學家，對「新薩滿信仰」（Neo-Shamanism，一種西化的薩滿教，集各種薩滿教派的傳統）的興起影響卓著。我剛剛開始對自己的哥倫比亞根源感興趣，想要進一步了解我的原住民祖先的靈性傳統。在去柏林的那趟五小時火車車程上，我告訴當時陪伴我的朋友碧安卡兩天前的夜晚發生了什麼事，我們納悶著那一切是什麼意思。

翌日早上，抵達活動現場後，我們熱切的期盼工作坊開始。我們的老師保羅．烏休齊克（Paul Uccusic），是擁有三十多年豐富經驗的薩滿信仰實踐者，他讓大家圍成一大圈坐著，逐個自我介紹。然後他告訴我們，我們即將踏上前往靈界（spirit world）的旅行，藉此學習如何與我們的指導靈連結。在解釋完如何做到這事之後，他告訴我們，當我們第一次見到自己的指導靈時，對方通常會傳遞能量給我們，幫助提升我們的振動。這要麼是給我們一個慈愛的擁抱，要麼，有時候是交給我們一顆發光的紅色球體。

我倒抽了一口氣，輕推了一下我的朋友，而她睜大眼睛看著我。我們倆都意識到，兩天前出現在我臥房內的男子是我的指導靈之一。

現在，除了感覺到自己進入了以前一直不為我所知的新世界，我不太記得那個工作坊的其他內容。直覺上，我感應到一扇門已經打開，我即將踏上對我的人生有重大影響的旅程。

工作坊結束時，許多學員準備好要透過療癒、靈魂修復、其他薩滿修練等後續課程，更深入的探索這個主題。保羅詳細的回答了他們的問題，但我永遠忘不了的是，保羅首先告訴我們，他已經講授了我們需要的一切。他已經幫助我們與我們的指導靈連結，而指導靈必會完成剩下的事。

我們的指導靈是我們真正的老師，祂們知道，我們的靈魂這次化身來到地球母親（Mother Earth）上是要做什麼，而且可以在我們的靈性之路上和日常生活中引導我們。我們唯一必須做的是，學習如何與這些宇宙幫手連結。然後祂們可以協助我們，與我們的高我（higher self）連成一氣、發現我們的天賦與才華、明確了解我們的人生目的、得到總體的輔導與指引。我沒有參加基金會的其他課程，而保羅在那之後便過世了。但是我希望這本書可以繼承他的遺志，使你能夠與自己的指導靈連結。然後祂們可以讓你領悟到你需要學習的任何事物，讓你也可以活出有意識且由聖靈引導的人生。

指導靈的賜福

我的指導靈為我的人生帶來了許多的賜福，你的指導靈也可以為你做到同樣的事。然而，如果你從來沒有學過如何與祂們溝通，那麼可能會花很長的時間才能體認到這些賜福，更甭提依據賜福行事、改善你的人生了。我想要幫助你快速跟上那個過程，盡快享受那些好處。

這些年來，我經常遇見靈。在我自己家裡，我曾經遇見三位外星人，他們看起來彷彿是直接從好萊塢電影走出來的。某次在樹林裡的營火會，一位友善的自然靈曾經「附我身」。在巴塞隆納，一位巨魔從我眼前的土地裡冒出來，一位光之存有（light being）出現在加納利群島（Canary Islands）的火山沙漠中。除了臨時想到的這些靈，從西元兩千年那個命中注定的夜晚之後的二十年以來，我有許許多多靈的故事。

我很享受這些瘋狂的探險，隨著時間的推移，它們一直幫助我理解我今生的使命和目的。不過，剛開始的時候，這些對我的人生似乎沒有任何真正的含意，因為我不知道該如何詮釋它們。我控制不了它們，也無法預測它們何時會發生，只是和幾位同樣走在靈性之路上的精英談論過它們。我忙著設法釐清，等「長大」後，我今生想要做什麼。與此同時，我當過咖啡師，擔任過紀錄片前製人員，賣過手機合同，在客戶支援中心工作過，也是國際商展的女主持人。二〇〇六年，我發現可以在網際網路上銷售我的藝術品。與此同時，我因為被收養造成的衝擊苦苦掙扎著。信任和身分課題支配了我的人生，導致我無法在世界上找到自己的立足之地。

第一次遇見現在知道是我的祖先指導靈的靈體之後，我花了十五年時間才領悟到，與指導靈連結，是一份可以被開發且用來幫助他人的天賦。二〇一五年，小事件的發生率愈來愈多，但是這時候，那些事件不一樣了，不再只是靈隨機出現在這裡和那裡。那年夏天，有許多次和朋友出去玩時，我會感覺到被坐在旁邊的某人所吸引。我不確定為什麼，但是周圍的空氣會充滿能量且變得凝滯。然後，如果我讓自己的頭腦放空，就會感應到某位祖先或某個動物靈在那人身邊。我還會接收到關於對方的信息——他們的童年花絮、他們因某個情感課題苦苦掙扎的信息，或是他們剛剛為什麼與伴侶爭吵。我認為這是有趣的新發展，但我還是不明白。

直到我發現傳統招魂術（Spiritualism）所傳授的通靈術時，這些片斷才逐漸被理解。我開始觀賞名為《靈媒夢妮卡》（*Monica the Medium*）的電視節目，而且看上癮了。夢妮卡描述她如何發現自己是靈媒的方式，使我想起了自己的旅程，感覺被隨意遇見的人們所吸引，空氣變得比較凝滯，傳達過來的信息全都聽起來很熟悉。不同的是，我看不見死人，而是看見其他類型的靈。儘管如此，這仍然是重大的啟示，也是我需要研究調查的啟示。因此，我報名參加了某個線上靈媒課程，閱讀了每一本我可以找到談論這個主題的書籍。就像回家一樣，我終於知道我今生想要做什麼。當我母親提到，在我大約五歲時，曾經進過不明飛行物的叔公告訴她，我是天生的靈媒，那算是錦上添花。一年後，我的指導靈要求我建立一個網站，開始做指導靈解讀。其餘的便是歷史，不贅述了。

你目前努力應對的人生挑戰，可能看起來跟我的不一樣。無論它們是什麼，你的指導靈都可以幫助你參透它們，活出使你幸福快樂且充實滿意的人生。以下是與指導靈連結後，你可以期待的一些賜福。

與你的高我連成一氣

你的指導靈可以幫忙緩和奠基於恐懼的小我（ego），改而使你的真實自我（true self）有力量，可以掌控全局。結果是藝術家和運動員所謂的「在順流中」（being in the flow）的狀態，於是你的人生將會更加輕易、明確的展開。

對「宇宙」和你自己的信賴增強

恐懼只能在你缺乏信賴的時候支配你。一旦你的高我主事，你將會對自己更有自信，也對「宇宙」、你自己、你的指導靈更有信心。

發現天賦與才華

每一個人都有尚未被發現的天賦與才華，可以為我們的人生帶來大量的賜福。你的指導靈知道你的天賦與才華是什麼，可以幫助你基於你的至善以及為他人服務而發掘它們。

明確了解你的人生目的

你想知道在這次化身期間來到人世間做什麼嗎？你的指導靈可以為你指出正確的方向，協助你逐步實現你的人生使命。

總體的輔導與指引

此外，你如果需要任何其他支援，也可以請你的指導靈幫忙。祂們可以幫助你在人生中創造更多的豐盛，建立更好的關係。祂們也開心的讓你看見基本的靈性法則，那些可以協助你為自己和他人設計更美好的未來。

對本書可以期待什麼？

這是有史以來第一次探索不同類型的宇宙幫手，祂們曾經與橫跨各種文化和貫穿人類整個歷史的薩滿、靈媒、祭師、平民百姓溝通過。我目前正從在文化上具包容性的視角探討這個主題。我撰寫這本書，不僅為你帶來信息，還提供適用於你個人的靈性工作的實用策略。透過本書，我希望改變你思考指導靈、尊重指導靈，以及與指導靈互動的方式。

透過每天傳遞來自指導靈的訊息，以及回答指導靈相關問題的工作，我親身體驗到，有許多人渴望更進一步了解這些宇宙幫手。從與我的個案以及線上社群的互動之中，我非常熟悉人們想知道的是什麼。我常被問到的問題有：指導靈到底是什麼？我的指導靈是誰？我可以有不只一位指導靈嗎？惡靈存在嗎？我該如何避開惡靈？我該如何與我的指導靈連結和溝通？我是在瞎掰杜撰還是這是一次真正的體驗？我的指導靈可以幫助我開發我的靈性能力嗎？我的指導靈如何幫助我找到我的人生目的？

我跟祂們相處得非常融洽，因為我對指導靈的興趣遠比對我的本業更深入。我出生在哥倫比亞，是一名安貝拉（Emberá）族原住民婦女所生，安貝拉是一個仰賴部落薩滿提供建言和療癒的部落。十八個月大的時候，一個不相信超自然現象、也不贊同任何一種靈性信仰的慈愛荷蘭家庭（如同我之前提過的）收養了我，在德國將我撫養長大。小時候，我已經與靈界有連結，但是沒有可以談論靈界的詞彙。我開始談論靈界，是在我的祖先指導靈以物質形相出現在我的臥室裡、帶領我踏上轉化我的人生的旅程之後，那為我帶來目的感、歸屬感、恩典感。我希望你也跟我一樣。

因此，本書不僅解釋指導靈是什麼，還探討每一種指導靈隨身攜帶的明確特徵、天賦和挑戰，我的當紅免費測驗的擴展版本也是本書的特色，可以幫助你發現你擁有哪幾種指導靈，以及如何最好的與祂們溝通。最重要的是，本書再次向你保證，你不需要成為薩滿、女巫、祭師或其他專業的靈之工作者，也不需要具備任何特殊能力就能夠做到這點。你唯一需要的是敞開的心和開明的頭腦，以及健康的好奇感。

本書分成三大部分：

第一部：準備就緒，認識宇宙幫手，解釋關鍵詞彙，以及簡要介紹七種不同類型的指導靈，還解釋了為什麼你還沒有成功的與你的宇宙幫手連結。然後內容繼續進行到與指導靈共事的好處和危險，為你建立正確的心態，才能有意識的與指導靈連結。最後，你可以做一下測驗，幫助你確認哪幾種指導靈構成你個人的宇宙幫手團隊。從那裡開始，你已經準備就緒，要更進一步了解指導靈。

第二部：七種指導靈現身，有七章，每一章講述一種指導靈，包括：神明、祖先、揚升大師、自然靈、動物指導靈、星際存有、天使。每一章都深入探討該指導靈的明確特徵、天賦和挑戰，也探索在祂們周遭的一切表達了關於「你」的什麼信息，然後分享過去和現在的實例，說明來自不同文化和靈性傳統的人類，如何與該類型的指導靈合作。這個部分是入門知識，幫助你熟悉你的指導靈團隊成員，讓你在遇見指導靈的時候具備更好的識別能力。你也可以創建獨特的溝通風格，藉此與你的宇宙幫手們對話。

第三部：如何與你的指導靈連結？再次向你保證，任何人都可以與自己的指導靈溝通，然後概述如何創建一場儀式，連結正在與你互動的特定指導靈。

你可以運用你的指導靈連結促進你的靈性發展、顯化你的夢想、活出你的人生目的，為你自己和其他人讓這個世界成為更美好的地方。

你準備好要開始了嗎？

第一部

準備就緒，
認識宇宙幫手

第1章

你是宇宙團隊的一員

回顧以往，我可以看見那條線，它編織著穿過我的人生，帶領我與我的指導靈連結，然後成為指導靈靈媒。當我出生時，我的哥倫比亞籍親生母親只有十六歲。她在努力撫養我一年之後，把我交給別人。寄養父母照顧了我幾個月，然後我的荷蘭籍父母收養了我，在德國境內將我撫養長大。就跟許多被收養的孩子一樣，尤其是跨文化的被收養者，不知道來自哪裡，導致我逐漸產生身分課題。雖然有一個充滿愛的家庭，但是因為不知道過去，我的人生似乎丟失了什麼。即使我嘗試過，然而在不知道自己根源的情況下，很難聚焦在未來，也很難釐清我今生想要做什麼。如今我知道，身分有彈性也有正向的一面，甚至可以是一份賜福。談到與指導靈溝通時，放下我們對自我的刻板感知（包括自己的期待和恐懼），是多數人最大的障礙。然而，身為年輕人，我還沒有培養起那樣的智慧。

我很幸運（並不是所有的被收養者都那麼幸運），我的父母親是最好的，他們愛我，不管我做什麼，都百分之百支持我。儘管如此，一九八〇年代在德國小鎮的荷蘭家庭中成長，有時候還是艱難的。外在，我得到理想的教養。內在，我有許多的不安全感。原因之一是，我沒有看起來跟我一樣的角色典範，家庭成員間找不到，當地社區或媒體上也找不到。事實上，我是整個學校內僅有的三名有色孩童之一。我討厭自己的長相，認為自己很醜，即使人們並沒有那樣說我。我的不安全感也源自於間接乃至公開的種族主義。十二歲那年初冬的一個傍晚，天快黑了，下午活動過後，我等著母親來接我，那時候，一名男子轉過街角，威脅說如果我不「滾回我出生的地方」，他就殺了我。我相信你可以想像那是多麼的讓人驚恐、令人困惑且傷害自尊。

同年，我也體會到一次靈性經驗，那對我造成巨大的衝擊，顯示我的靈性覺知如何一點一滴的增長。父母親帶著我的兄弟和我踏上美國之旅，機輪降下觸碰到降落跑道的那一刻，我知道我到家了，即使我以前從來沒有去過那裡，也無法解釋這種怪異的感官體驗。

我的整個童年和青少年時期，像這樣微妙而難以理解的靈性經驗不斷發生。記得十七歲的時候，我漫步穿過樹林，聽從直覺沿著一條偏離原路的小徑往前走，穿過好些灌木叢，最終俯瞰著一片草地。我停了下來，空氣變凝滯了，身旁充滿能量。和平而神聖的感官體驗停駐在我心裡，我深呼吸了幾下。我不了解什麼事正在發生，但是感覺到幸福和平靜。

身為大學生，我仍舊因為不安全感以及有時候嚴重抑鬱而苦苦掙扎著。我拚命的搜尋意義、人生目的，以及我在人世間的立足之地。在這個低潮期，我的指導靈們斷定，我已經準備就緒，可以讓祂們進入我的人生。因為沒有意識到祂們在我的人生的背後，我著迷於找出更多關於我的原住民血統的信息。經過大量的線上研究，我發現哥倫比亞境內大約有一百個不同的原住民社群。我的下一個發現顯示，我很可能是安貝拉族的後裔。這個原住民社群，生活在哥倫比亞西海岸安地斯山脈的雨林區和西部山谷，即使困陷在哥倫比亞政府、游擊隊、該區域內非法軍事集團之間的爭戰中，他們仍保留了許多自己的傳統語言以及自己的習俗和靈性傳統。

我逐漸產生深度的渴望，想在靈性層面與我的祖先們連結。而且我愈是深入挖掘這個主題，我的生命中便出現愈多的信號、象徵、同步性（synchronicity）。如前所述，當我的祖先指導靈以完整的物質形相出現在我的臥室內，一切在那個命中注定的夜晚達到高潮。這次事件後，我的人生永遠改變了，我內在的某樣東西已經轉換了。今生第一次，我象徵性的感應到雙腳底下堅實的地面。我記不得我的生母和生父，那無關緊要；我此刻在靈性層面感覺到與我的祖先們連結，而且得到祖先們的護持。這使我了解，關於我自己，我曾經感知成負面和羞愧的一切，實際上是一份天賦。一旦用於幫助他人，那份天賦將會為我的生命帶來巨大的祝福。

每一個人都有自己的不安全感要對付，而且你的不安全感一定和我的不一樣。然而，無論不安全感可能是什麼，都到了該要好好處理它們的時候了，如此你才能為這個世界綻放自己的光芒。你已經準備好要與你的指導靈會面，好讓祂們可以幫忙治癒那些課題了嗎？如果你已經準備就緒，祂們也可以協助你開發你的靈性能力、找到內在的平靜、在人生中成功順遂。

你已經拿起本書的事實，告訴我關於你的某個重要訊息。它讓我看見你是光之工作者（lightworker），注定要盡可能的讓你的光芒綻放得更加明亮，讓這個世界成為眾生眼中更美好的地方。「綻放你的光芒」意謂著，運用你來到這裡與他人分享的天生技能、才華和天賦。如果你不喜歡「光之工作者」這個詞，那就採用你比較喜歡的稱呼。重點是，你的靈魂帶著使命來到這裡，你需要聽從那個呼召，才能感覺到幸福快樂和充實滿意。當你閱讀本書時，你不只是「光之工作者」，更是「靈之工作者」（spirit worker）。這意謂著，你的一部分天命就是與靈界協作，不一定是以專業意義的薩滿、靈媒、女巫或女祭司的身分（除非你感覺到要這麼做的召喚）。然而，務必要對你的指導靈們保持頻道敞開，如此，祂們才能夠一輩子為你提供建言。

你的今生使命

所以，你有一個今生要完成的使命，但是不必靠你自己獨立完成——你是某支宇宙團隊的一員。這支團隊由幾位不同類型的指導靈組成，每一位都有自己的特殊方法，幫助你完成你的靈魂的任務。這樣一支宇宙團隊，至少有三位永久成員，以及幾位在有限時間內加入以便完成某些任務的專家。這些專家在任務完成後離開，協助其他人。每一個人的團隊至少有一位祖先指導靈和一位天使，其他成員是誰，則取決於你的靈魂過去的經歷，以及你來到這裡要完成什麼事。舉例來說，祖先靈幫助你在人生中建立有愛的關係，而神明則比較關心你留下來的遺產。

你的天界幫手核心團隊今生都與你同在，祂們非常了解你在踏上地球旅程之前所同意的靈魂契約。祂們的職責是幫助你解鎖、發掘、擦亮——你的靈魂將會對你自己和其他人的人生產生正向影響的那些部分。祂們擁有你需要才能體認到你的特定技能和才華的信息，以及如何運用這些信息，讓這個世界成為更加平等、包容、協作的地方。

我了解，你可能會覺得自己不夠特殊，無法擁有一支指導靈團隊。嗯，我不同意喔，否則你為什麼會對靈性主題（尤其是指導靈）感興趣呢？這份興趣是你的靈魂，引導你走向對你有意義以及將會促進你的靈性成長的事物。你的興趣、嗜好、渴望，總是讓你看見實現你的靈魂使命的方法。因此，你祈望與你的指導靈連結的心願，顯示你是不只為了自己的歡樂和成長而化身的靈魂，還是要提升地球的振動的靈魂。你與世界分享你的技能、天賦和才華，藉此做到這點。對於那個過程，你的指導靈是必不可少的，而且在深入的靈魂層面，你知道這點。事實上，你的人生目的是某個更大使命的一部分，而你和你的指導靈正在共同努力耕耘。也因此，對你而言，學會與你的天界幫手團隊連結和溝通至關重要。

還有疑問嗎？那是你的小我設法告訴你，我不可能正在談論你。好吧，我在這裡是要告訴你，你不需要是更漂亮、更年輕、更有錢、受過更多教育的，不需要是完美的父親或母親或每天靜心，才能造就不同。你現在就可以是光之工作者和靈之工作者。你已經是了。無論什麼不安全感牽絆著你，它們絕不表示你沒有指導靈團隊、沒有使命要達成。事實上，你的不安全感可能是你的祕密武器，一旦轉化了，它們可以變成你最強大的資產。我們將在本章稍後更詳細的談論這點。現在，我希望你知道，你的宇宙團隊正在等候你。祂們希望你承認祂們的存在且與祂們合作，這樣祂們才能幫助你實現你的人生，每天有目標的活著。我發現，與我的指導靈連結是轉變我的人生的關鍵。我找到了我的天賦且開始分享，實現我的使命，在世界上找到自己的立足之地。同樣的事也可以為你發生。

你現在正在閱讀本書……那讓我看見，你幾乎已經準備就緒，準備好要邁出你的靈性旅程的下一步，準備好要加快腳步，讓你的光芒綻放，那是你的地球任務的核心。對我們每一個人來說，這可能會以不同的形式呈現。我們全都需要找到個人的表達方式，但是讓我們的光芒綻放卻是這一切的重點。心中未治癒的創傷，可能會阻止我們活出自己最大的潛能並綻放我們的光芒，但是我們的宇宙團隊可以幫助我們治癒那些傷口。在傷口的正下方就是解決方案，包括可以幫助我們完成自己的使命的技能、才華和天賦。你已經準備好要發現你的宇宙團隊了嗎？但是首先，且讓我們檢視一下，為什麼你還沒有設法與你的指導靈連結？

與你的宇宙團隊接觸

為什麼與我們的指導靈連結那麼難？

如果你跟我的大部分學生一樣，那麼你已經設法與你的天界幫手連結了。網際網路上有許多的靜心冥想要幫忙你做到這點，不過，既然你正在閱讀本書，表示你可能還沒有成功。為什麼那麼多人失敗？祕密就在這裡。並不是我們的指導靈不在或不想回答我們的問題，事實上，祂們一直與我們溝通。錯誤不在於祂們，而在於我們，我們時常擋了自己的路。以下是妨礙我們得到自己尋求宇宙支援的四大原因：

原因一：我們的心態擋道

無論我們是否生活在西方世界，在歷史上的這一刻，西方社會的許多價值觀主宰著整個世界，影響著我們的日常生活。這些價值觀之一是我所謂的「科學的合理性」（science rationality），它是現代科學的顯著標記。即使沒有研究任何確切的科學，我們每一個人也天天接觸到它。「科學的合理性」表明，唯有五種身體感官可以感知到、可以量測到、可以重複的東西，才是真實的，其他一切都不是真實的。而靈性經驗並不總是屬於這個範疇。基於這個原因，我們的理性頭腦已經學會將它們視為可疑的、虛構的、可丟棄的。

如果你曾經做過與你的指導靈連結的「引導式靜心」（guided meditation），那麼以下範例可能在你聽來頗為真實。假設你在這個引導式靜心期間，嘗試找到你的指導靈的名字，運用心靈之眼（mind's eye），你看見玫瑰的圖像，你的直覺知道，這是來自你的指導靈的一則訊息，告訴你祂的名字叫蘿絲。不過你的理性頭腦想要證明，它質疑一切，質疑到令你困惑迷惘、開始懷疑你的直覺。很快地，你便不考慮從你的指導靈那裡得到的答案，而且告訴自己，那個引導式靜心無效。這聽起來很熟悉嗎？

原因二：自己的期待妨害我們

身為人類，我們想當然耳的以為，我們的宇宙幫手的溝通方式跟我們一樣：要麼透過口頭語言，要麼透過來自外在世界其他形式的感官輸入。這是錯誤的假設，指導靈有祂們自己的語言，就像我們不能期待法國人用義大利語回答我們，我們需要調整自己的期待，學習對方的語言。因此，不要指望天空有聲音隆隆作響，賜給你所有問題的答案。事實上，你可能永遠不會在外面聽見你的指導靈的聲音，或看見祂們的模樣。相反的，祂們的訊息可能以內在知曉、記憶、異象或夢境出現。祂們的訊息也可能以信號、象徵、同步性、突然間的洞見，或模糊的直覺感出現。這些可能並不是你當下期待的，但是它們就跟你的指導靈以完整的物質形相出現在你面前一樣有效。雖然不是那麼令人驚歎，但是傳遞的信息可是同樣切題且改變人生的。

原因三：從來沒有學過與自己的指導靈溝通所需要的技能

有些人天生擁有與靈連結的天賦，其他人則需要學習與指導靈連結的基本原理。那並不意謂著，其他人永遠做不到，但是他們必須學習如何做到，然後好好練習。即使你天生具有這種才能，還是需要訓練。才華橫溢的足球運動員幾乎每天訓練，就跟他們一樣，如果你想要成功，就必須願意投資時間和努力。定期靜心冥想是必須的，因為它為你提供與指導靈一對一的時間。即使你沒有立即看見任何進步，祂們也會每天努力使你們之間的連結更加牢固。你需要了解的其他主題是心靈保護、提升你的振動，還有神通（clair），也就是我們用來與靈界溝通的內在感應。在接下來的章節，我將會涵蓋所有這些主題以及更多的內容。

原因四：我們懷疑自己的經驗

由於主流文化將指導靈視為想像的虛構人物，因此我們時常懷疑自己與指導靈互動的經驗，也因此懷疑自己。我們可以靠經常練習來防止這點。愈是與自己的指導靈溝通交流，我們就愈有自信不是在捏造杜撰。我們建立起愈多的信賴和自信，花在懷疑自己的時間就愈少。

建立自信的另一種方法是：找到志同道合的人們共享彼此對指導靈的興趣。聽取對方的經歷、恐懼和成功，這為我們證實自己並不孤單。它提醒我們，全球有數百萬人擁有類似的靈性經驗，因此我們並不瘋狂。此外，好好檢視具有悠久指導靈溝通歷史的文化也很有用。在那些文化和靈性傳統中，沒有人會懷疑指導靈是真實的，我們可以與他們交談、和他們結盟，為自己和他人創造更美好的人生。我們為什麼心生懷疑呢？

不需要特殊的天賦

其他可能牽絆我們的想法是，以為我們需要是靈異人士、薩滿、女巫、祭師、靈媒、療癒師，或其他專業的靈之工作者，才能與我們的指導靈連結。那樣的想法完全不正確。

以下是我們聽說的這類人士，因為他們曾經運用與自己的指導靈連結幫助他人。一例是紐奧良著名的十九世紀巫毒（Vodou）女祭司瑪莉・拉馮（Marie Laveau），據說她甚至用自己的咒語和符咒從絞刑架上救下了好幾個人。其他靈之工作者，曾經帶領他們的人民與企圖壓制他們的社群的敵人戰鬥，例如美洲原住民領袖「坐牛」（Sitting Bull），他的願景是他的人民必會贏得一場重要的戰役，而那事發生在一八七六年。美國的長島靈媒特蕾莎・卡普托（Theresa Caputo）則是非常與眾不同的當代實例，她是自己的電視節目的主角，教導數百萬人關於「死後生命」。除了這些著名的例子外，全球還有數百萬不知名的個人，每天與他們的天界幫手交談，他們是家庭主婦、醫生、承包商、學生、公關專業人士、店主、農民、律師等等。他們安靜的過生活，可能甚至不會把自己的靈性追求告訴閨密，但是我知道他們，因為我每天收到來自他們的電子郵件，告訴我他們的故事。

因此，你不需要是靈之工作者，就可以與你的指導靈溝通，而且你也不需要任何特殊的能力。擁有預測未來、透過靈氣（Reiki）療癒、解讀某人的氣場等等能力固然很讚，但是你不需要靈性天賦或靈性經驗，就可以得到來自你的宇宙幫手的指導。你曾經有過瀕死經驗嗎？遊歷過星光界（astral world）嗎？或是參加過「死藤水」（ayahuasca）儀式呢？如果有過這類經驗，那真是太好了，但它並不是與你的指導靈連結的先決條件。你唯一需要的是開明的頭腦。

不幸的是，儘管那個方法非常重要，但我們卻少有人學會。誠如之前看到的，我們可能擋了自己的道路，甚至沒有意識到自己正在做那樣的事。我們因為局限的信念、童年早期的制約、不切實際的期待而妨礙自己。我們在沒有意識到的情況下封閉自己，因此限制了我們的潛能。所以，在研究如何達到頭腦開明之前，且讓我們先好好定義一下頭腦開明（open-mindedness）是什麼。保持開明的頭腦是善於接受新的想法、概念和經驗、不立即評斷和拒絕的能力。以下有幾個訣竅，可以幫助你在繼續閱讀本書時保持頭腦開明。

仔細斟酌可能性

如果你讀到的東西違背你認定的真理，請仔細斟酌，是否可能有更多的實相，多過你所認定的現實。是否有可能將你的視角擴展到足以既囊括你預先存在的觀點，又包含剛剛讀到的內容？是否有一個包羅萬象的主題可以合併這兩套信息？

不要害怕問問題

如果你很難理解我在本書裡介紹的某個概念或細節，請來社群媒體上找我。讓我們針對問題好好談談。這讓其他人有機會插話，允許我們每一個人在散場時都變得比之前更開悟一些。

至少嘗試一次

這是我從父母親那裡學到關於食物的看法，而且我始終因此心存感激。如果你想當然耳的認為我建議你嘗試的某件事對你不會有效，或是嚇壞你了，或是看似瘋狂到令你無法嘗試，那麼做就對了，至少嘗試一次吧。也許甚至是嘗試兩次，才能確保你給予那件事一次公平的機會。不入虎穴，焉得虎子。

如果你被觸發，或是感到生氣或挫敗，請暫時停止

當你沒有立即達到想要的結果時，可能會發生這種情況。如果你是完美主義者，跟我一樣，你就會知道我在說什麼。我曾經要學生們放聲大哭，因為他們第一次嘗試與自己的指導靈連結並不成功。我確定你已經厭倦了聽到這樣的話，但是指導靈溝通需要練習。因此，如果你感到挫敗，要對自己溫和而有耐心，稍事休息，明天再試一次。

不做假設

對於曾經花費多年時間走著靈性之路的人們來說，這點尤其重要，因為我們有時候會陷入以為自己已經知道一切的陷阱。當然，那是不可能的。總是有新的技能要學習，有新的視角要考量。在讀過本書的每一章之後，請反問自己，什麼對你來說是新鮮的，該如何將它納入你現有的靈性修練中。

如果你好好應用這些法則，不僅會因為閱讀本書而獲益，還會看見你的開明頭腦對你人生的各個領域都有正向的影響，從個人的關係到工作的表現。保持頭腦開明也是培養慈悲的好方法，而且在這個世界上，我們擁有的慈悲永遠嫌不夠。

儘管如此，以下是最後一個訣竅：

接受有意義的東西，忽略其餘

如果某樣東西對你無效，請從你的靈性工具箱刪除掉。你是你自己的人生的專家。你最清楚什麼為你服務、什麼不為你服務。

請記住，你已經夠好了；你擁有需要展開這趟旅程的一切。暫且閉上眼睛，深呼吸一下，然後大聲說道：

我願意且能夠與我的指導靈連結。

我相信你，而你也應該相信你自己。

為了在這趟旅程上支持你自己，你可以使用可下載的工作簿（workbook，見附錄），內含日誌提示，也有供撰寫讀後感、做筆記以及蒐集第12章指導靈典禮所需要的一切信息。

你已經準備就緒了

現在你知道你是光之工作者，也是宇宙團隊的一員，來到這裡是為了要讓這個世界成為眾生眼中更美好的地方。你也學到了為什麼尚未成功與那支團隊的指導靈成員連結，而且你理解，只要有開明的頭腦，你不需要任何特殊的天賦或才華，就可以與其他世界的團隊成員們溝通。因此，現在你已經準備就緒，可以深入研究，開始進行。

第2章

指導靈是何方神聖？

在本章中，我想要介紹你在更進一步了解你的指導靈之前，你需要理解的基本概念和想法。讓我們先從一個基本問題開始：

指導靈到底是什麼？

這個問題已經被問過且回答過許多次了，以下是我欽佩的作者所下的幾個定義：

「指導靈曾經是物質生命。」

——桑妮雅．喬凱特（Sonia Choquette）

「你的指導靈帶來多生多世的智慧和視角。」

——詹姆斯．范．普拉（James Van Praagh）

「我們都有自己的指導靈。

我們的指導靈包含祖先和已故的家庭成員。」

——嘉比．伯恩斯坦（Gabby Bernstein）

這些重要的思想領袖，使人們覺察到指導靈的主題，幫助數百萬人取用他們的智慧。而且他們是對的：指導靈可以是祖先或其他已故的人類。事實上，西方靈性社群時常認為，當來自靈界的幫忙抵達時，幾乎總是以死者的形式出現。許多人將「靈」定義成「已故的人類」（a human who has died）。這也意謂著，靈界等同於死者居住的天堂。這些定義往往是在不知不覺中受到「招魂說」（Spiritualism，譯註：又譯「唯心論」）的啟發，招魂說是一種宗教運動，奠基於相信死者的靈比活人更有智慧，具有與我們溝通和引導我們的能力。然而，在其他文化和靈性傳統裡，「靈」可以是許多不同的非物質存有，靈界是所有這些存有的家園，不只是已故人類的定居地。由於凱爾．格雷（Kyle Gray）和黛安娜．庫珀（Diana Cooper）等作家，我們現在對天使的認識大大增加，天使們也與我們互動、協助我們。除此之外，新薩滿信仰的興起，介紹我們認識所謂的「力量動物」（power animal）。這是一種奠基於各種動物靈的概念，而某些美洲原住民和許多其他薩滿文化都與這些動物靈合作。

除此之外，我們通常不會冒險更進一步檢視與其他文化、靈性傳統，以及個人互動的那類存有。來自西非馬利共和國的多貢人（Dogon）是怎麼一回事呢？他們的靈性支援來自天狼星（Sirius）系的存有。指導靈學會（Spirit Guide Society）的成員、我的光之工作者社群，以及靈性求道者，其中百分之十五表示，他們的指導靈是自然靈，這又是怎麼一回事呢？我來自約旦的個案桑妮婭，在一位為她提供人生建言的女神的陪伴下，來找我做指導靈解讀，這又是怎麼一回事呢？根據我身為指導靈靈媒的經驗，指導靈可以呈現許多種形式。現在該是我們從一個更寬廣、更全球化、更具包容性的視角，研究這個主題的大好時機，因為這麼做，我們不僅尊重西方靈性之外的文化和智慧，而且擴展了個人連結的可能性。

透過網際網路以及更輕易、快捷的環球旅行，我們的世界變得愈來愈具有相互連結性。對某些人而言，這會引發焦慮，因為我們擔心自己的生活方式會逐漸消失，因此我們在自己周圍築起了心智的、情緒的乃至實質的牆壁。這也發生在靈性社群中。我們往往並不是刻意這麼做，也不是有意排斥任何人。但我們就是這麼做了。因為堅持陳舊的概念，拒絕更新我們對靈性界域的知識，我們疏遠可能需要我們幫忙的人們，也迴避可以引導我們的存有。

靈性社群沒有活出自身標準的另一方面是，似乎在擁抱其他文化的同時，實際上往往不尊重的從其他靈性傳統拿取，導致祖先的業力行為模式永久存在。回饋根本不常發生在我們身上。由於回饋是很重要的概念，我們將在整本書中多次談論到。

為了使我們的靈性社群更具包容性，我們必須開始重新定義迄今為止已經與我們互動的核心概念，然後根據這些新的定義重建我們的信念系統。我們自己的傳統不需要在這個過程中消失，相反的，我們可以擴展它們，使它們變得比較敞開來接受其他的智慧。這是一個過程，需要誠實的自我反省。即使我是多種文化的產物，曾經花費許多時間沉思這些主題，但我仍舊逮到自己犯錯。不要對自己太過嚴苛，一次邁出一步，那是創建比較包容、平等、協作的世界唯一需要的。

我自己的指導靈啟發我開發一個新的指導靈定義，我希望在此與你分享，以期為靈性社群帶來更多的覺知和包容性。

凡是來自更高界域，以無條件的愛與我們連結，
想在我們的靈性之路上或日常生活中幫助我們的存有，
都是指導靈。

如你所見，這是一個非常寬廣的定義，並不局限於任何特定的信念系統或地理區域。

在第二部中，我想要介紹七種不同類型或類別的指導靈，我們將在第二部詳細談論。這七種類型的分類，是為了讓你更容易識別你的個人指導靈然後與其溝通。它不是教條式的信念系統。隨著時間的流逝，我可能會發現新的類型，或是對現有類型有更多的了解。靈性不是一門精確的科學，而我們的詮釋可能會也應該會轉換和變形轉換和變形。沒有一個人可以全然掌握靈界的全部真相。我們唯一能做的是，彼此分享個人的經驗，以此共同成長。

我的指導靈教我領悟了什麼？

回到我的個人經歷，在第一位指導靈半夜出現在我的臥室裡之後，我設法釐清這一切的含義。我現在知道祂是我的指導靈，但是祂想要什麼？我又該如何再次與祂連結和溝通？我花了很長時間才理解到，與你的指導靈交談的最佳方式，取決於指導靈的類型。有相似處和共同點，但每一種指導靈都有自己的溝通偏好乃至不喜歡的溝通方式。當你為祖先指導靈創建祭壇、舉行典禮、帶來某種祭品時，祖先指導靈樂在其中。自然靈偏愛你到戶外，在祂們居住的地方與祂們連結。神明要求尊重和奉獻，也喜歡祭品。天使對祈禱、靜心、任何打開心扉的活動反應良好。起初我一無所知，所以經歷了許多嘗試錯誤，減慢了這整個過程的速度。

為什麼我花了那麼長的時間，才搞清楚我遇到的指導靈是祖先指導靈呢？顯而易見的是，祂有原住民血統，來自南美洲，就跟我一樣。儘管如此，我的大腦卻無法計算信息。我猜我們每一個人有時候都擋了自己的路。我花了許多年才把這些拼圖塊拼湊在一起，因為我還不習慣靈界用來與人類溝通的語言（我們將在第11章詳談這點）。但是在某個時候，我領悟到祂必定是我的祖先指導靈，因為我得到的訊息，全部與我的列祖列宗以及隨之而來的挑戰和天賦有關。

隨後有了更多的經驗，我不得不養成一種全新的心態，一種更遼闊的世界觀。有幫助的做法是從事大量的研究，這讓我知道該用什麼言詞談論我的經驗，懂得如何讓這些經驗有意義。

一旦我習慣了非物質存有的存在，祂們便開始教我認識七種不同類型的指導靈。這不是突然發生的。如同我之前解釋過的，在接下來的十五年間，不同的靈隨機出現，間隔時間不固定，幾乎總是以物質形相現身。祂們很少說話，而我也不會再次見到祂們。我完全不知道那一切是什麼意思。但是終於，我領悟到，不同類型的靈從其他世界來此造訪，有某種邏輯存在：有七種指導靈。每一種指導靈都至少出現過一次，為的是介紹我認識祂們。

一旦我發現有七種指導靈，事情就變得容易些。我研究了靈媒、薩滿、祭司、女巫，以及其他靈之工作者，如何與他們個別的指導靈連結，隨著時間的流逝，事情開始昭然若揭。不過，在一趟新旅程開始時，一切似乎令人困惑和不知所措。而且當你第一次發生與指導靈動人心弦的邂逅時，很難體認到這個明顯的事實。

現在，在我的每週免費現場節目上，我被問到許多問題。某些答案對我來說很明顯，我也很高興可以幫助人們釐清事情。我常被問到的問題是：「見到我死去的祖母／天使／小精靈……等等是什麼意思？」答案很簡單，這是一記當頭棒喝，靈界正在設法引起你的注意。「靈」已經準備好要與你互動了。

我一意識到自己正與祖先指導靈打交道，便立即報名參加了由一位哥倫比亞薩滿舉辦的「死藤水」儀式。我這麼做並不是因為死藤水儀式是最新的靈性時尚，而是因為我發現，這是我的原住民祖先與靈界連結的方法。許多人參加死藤水典禮，是因為他們想要令人驚歎的異象和其他世界的體驗，但我已經研究過，知道這些典禮提供的療癒是它們的主要好處，知道有時候隨著典禮出現的煙火並不是重點。我現在告訴你這點是因為，這裡有一門重要的功課要學習：唯有你真正得到召喚要飲用死藤水，才可以那麼做。死藤水不是人人可以飲用的。要好好研究，只與真實可靠且經驗豐富的儀式引導師合作，確保你處在安全的環境中，而且要好好控制你的期待。在死藤水儀式期間，我並沒有再次看見我的祖先指導靈以物質形相現身，但是我感應到，我的祖先是一股群體能量，透過感覺與我溝通。我感覺到的那份愛、支持和包容，療癒了曾經深深受創的一部分內心。歸根結柢，這使我能夠完全珍惜已經存在我人生中的愛，尤其是父母親的愛。

第一次參加這種典禮之後，我意識到自己內在發生了巨大的轉換。我感覺到更加扎根接地、更加錨定安住，而且知道我的旅程的下一步會是什麼，才能發現和活出我的人生目的。

這完美的舉例說明，一旦找出你擁有哪一種指導靈，就可以運用他人已經搜集到與祂們連結的相關知識，為自己好好應用。你不想盜用他人的文化或靈性傳統，但是可以從中汲取靈感。為了繼續闡述那個祖先的例子，本書將會為你提供一些其他人如何與他們的祖先連結的構想。然後，你可以決定哪些對你來說有意義，值得一試，哪些對你來說不可行。你不想用一種你根本不懂的語言吟誦，但是也許你可以想出自己的肯定語句然後好好吟誦。或是，你可以不使用——某些美洲原住民文化傳統上在祭祖典禮之前，用來淨化某區域的鼠尾草，而是調查一下當地的靈性傳統使用什麼草本或香，然後用它們淨化房間。對於教導你有價值的功課的文化，要始終保持正念和尊重，並在可以回饋的地方盡可能回饋。也要好好研究。舉例來說，如果你的祖先來自印度，請深入研究你自己的文化，找出你的祖母和祖父與死者交談的內容。也許你的土耳其曾祖母解讀沉在杯底的咖啡渣，看見未來會發生什麼事，所以這可能是值得進一步了解從靈界接收信息的方法。或者，也許你塞內加爾裔的父親總是供養某座家族祭壇，那座祭壇是獻給誰呢？是否有世代相傳的神聖物品？此外也值得詢問你的「瘋狂」瑪寶姨媽是怎麼一回事？詢問你的家人關於她的信息。講講她的故事。為什麼人們認為她有點失常？

令人驚訝的是，這些被污名化的親戚，往往是與小精靈、天使或死者對話的人們。你甚至可以治癒好些家族業障，因為你是第一位認真看待家族業障的人。

與指導靈的溝通，也並非總是透過直接的接觸發生，而是更常透過微妙的啟發，出現在我們做著研究和日常靜觀之類單調乏味的靈性工作時。知道你擁有哪一種指導靈，可以幫助你發現該如何讓祂們容易觸及你且每天啟發你。

初識七種指導靈

既然你知道什麼是指導靈，我們就來仔細檢視一下七種不同類型的指導靈。如前所述，所有指導靈都來自更高的界域，透過無條件的愛與我們連結，而且希望在我們的靈性道路上幫助我們。然而，祂們來自宇宙的不同地方和次元，擁有不同的特徵，也為與祂們合作的人們帶來獨特的天賦和挑戰。不同類型的指導靈，在某些文化和靈性傳統中，可能或多或少有些共同點，但祂們與人類連結的方式卻截然不同，而且方式多變。我們將會專章介紹每一種指導靈。現在，且讓我帶領讀者快速概覽一下：

一、神明

在許多文化和靈性傳統中，都有男神和女神。有些認為祂們是萬能的、永恆的、是宇宙的創造者，其他則將祂們視為大自然的力量，例如風、閃電或海洋。定義神明的另一種方法是，曾經因為英勇事蹟或道德完善而被晉升至崇高地位的祖先。最後，神明可以是某一至高無上的存有的不同表現、面向或途徑。大部分時候，祂們具有跟人類一樣的性格，有自己的私下盤算和欲望。祂們要求尊重和奉獻，以及條件交換，成為強大的盟友。

二、祖先

祖先是在我們之前活過且不再與我們同在我們的物質次元中的那些人，包括你已逝的父母親、祖父母以及你今生認識的其他人。不過，祖先也包括活在幾百年前乃至幾千年前且早被歷史遺忘的家族成員。

廣義上來講，你的祖先們也等於是在人生的各個層面造就你成為今天的你的那些人。你可以屬於遺傳學之外的世系，這些往往奠基於職業、文化和靈性。

三、揚升大師

揚升大師（ascended master），是曾經生活在地球上，且獲得抵達開悟（enlightenment）所需要的智慧和大師級熟練度的人類，祂們達到了非常高階的靈性覺知，因此揚升了。這意謂著，祂們擺脫了業力，已經與自己的高我融合，不再需要輪迴轉世。取而代之的是，祂們居住在第六次元或更高的次元，從那裡協助我們。祂們在地球上的時候，往往是自己的靈性傳統的大師，而且目前仍為人類尋求至善，促進和平與慈悲。

四、自然靈

縱觀整個歷史和全球各地，自然靈（nature spirit）一直廣為人知。每一種文化和靈性傳統都有不同類型的自然靈，也有各別的自然靈名稱。大部分承認自然靈與元素連結，包括水、風、土、火的自然靈。除此之外，有些自然靈居住在某些山區、樹木、河流，或是對當地人類社群很重要或突出顯眼的其他天然地形。地球母親本身，也被廣泛的認為是一位有情的存有。

五、動物指導靈

動物指導靈（animal guide）是全世界人們熟知的另一種指導靈，重要的是要承認的確使用了不同的名稱和定義。有些傳統，把這些指導靈視為某支特定動物物種的母親、父親、領主或大師，例如，魚之母（Mother of Fish）或美洲豹大師（Master of Jaguars）。其他動物指導靈則與圖騰動物合作，圖騰動物是指某一動物的「靈」與某一群人（例如家族、氏族或宗族）有關。此外還有「魔寵」（familiar），這是來自歐洲中世紀民間傳說的術語，描述協助女巫施展魔法的動物靈，以及新薩滿傳統的力量動物。

六、星際存有

星際存有（star being）的廣義定義是，不是地球原生的任何生命形式。在我們的「宇宙」內和「宇宙」外，存在著無限多種的生命形式。有些生命形式有物質身體，有些沒有。有些是類人動物，有些不是。恆星本身也有無限多種生命形式。因為每一個人、動物、植物、岩石本身都有自己的「靈」，就像地球母親本身一樣，每一顆恆星以及每一個星系、銀河、星雲等等，也都有自己的「靈」。它們全都是有情的，可以與我們連結。

七、天使

「天使」一詞的英文angel來自希臘語aggelos，意思是「信使」。這是有道理的，因為天使扮演我們與神性（the Divine）之間的媒介。有些人堅信，天使從不曾像人類那樣生活在地球上，但其他人則聲明，天使可以化成肉身，而且好幾千年來一直這麼做。蘇美人、埃及人、古希臘人、羅馬人，在他們的文本中確實提過天使們。天使中最著名的是大天使（archangel），包括保護者麥可（Michael）、療癒者拉斐爾（Raphael）、培育者加百列（Gabriel）、轉化者薩基爾（Zadkiel）、荷光者烏列爾（Uriel）、天界書記麥達昶（Metatron）。

都是上帝的一部分

有時候我被問到，既然可以與上帝交談，我們為什麼還要跟指導靈交談呢？這個問題經常是有宗教背景的人們詢問的。我的回答是，我們可以與上帝交談，也可以與指導靈交談。誰說我們必須選擇呢？我將上帝／宇宙／造物主／聖靈／等等，視為存在的一切的總和，包括看得見或看不見的。因此，指導靈就跟包括我們自己在內的所有其他存有一樣，是上帝的一部分，於是與指導靈溝通沒有什麼不對。事實上，這些已進化的存有等同於上帝的大使。

與指導靈共事的好處

如同你現在看見的，因為與我個人的指導靈共事，我受益匪淺。我在靈性層面與祖先們連結，這給了我一份扎根接地感；我開發了個人的靈性能力，因幫助人們與他們的宇宙幫手連結，從而找到了我的人生目的，學會了更加信任自己和宇宙。如果學習了如何與你的指導靈溝通，你就可以得到同樣的好處。我將在這裡展示七種好處，但是還有許許多多的好處等著你去發掘。

一、與高我連成一氣

為了取用我們個人內在的智慧、實力、勇氣，我們需要將我們化成肉身的「物質自我」，與等同於高我的「靈性自我」連成一氣。一旦合併，兩者之間便再也沒有分離，可以共同合作。在這些時刻，我們與生命一起和諧的流動。我們的指導靈可以幫助我們移除障礙，治癒使兩個自我無法合而為一、共同合作的裂痕。這是循序漸進的過程，就像開發任何新技能一樣，需要時間，但是我們的指導靈渴望一路上護持我們。

二、擺脫小我障礙

每一個人都需要自己的小我。如果沒有小我，我們無法在我們的物質現實裡生存下去。有一部分的我們要當心危險，確保我們的一切物質需求得到滿足，這很重要。然而，如果我們的小我接管，設法主導整場演出，它可能會阻礙我們的靈性發展。我們不希望那樣的事發生，我們的指導靈也不希望那樣的事發生。因此，祂們引導我們進入生命情境，幫助我們解決擋路的小我障礙，然後我們可以達到某種平衡的狀態，擔任世界之間的橋梁，促進溝通交流。

三、靈性天賦的開發

我們全都是靈異人士。每一個人都可以透過自己的直覺接收信息。在西方社會中，這種技能往往停留在未被開發的狀態，因為我們認為它與理性思維相較是沒有什麼價值的。但是，它就像肌肉，定期訓練，就會愈變愈強壯，於是我們可以將它開發到足以與我們的指導靈溝通，同時獲得其他信息。

四、更充分了解如何提供服務

在開發了我們的靈性天賦之後，我們將會感覺到更有自信為他人和整個世界服務。我們知道我們擁有可以幫助人類同胞的獨特技能，我們該如何立即以或大或小的方式，在日常生活中運用它們幫助他人？培養服務的心態是發現我們的人生目的的墊腳石。

五、自然而然的活出我們的人生目的

找到自己的人生目的，是許多屬靈的人們心中名列前茅的願望。他們感應到內心深處有些聲音，呼喚他們為世界服務。因此，許多人感應到這點，但是卻不知道該如何服務，於是耗費數年時間納悶，同時在一份無法使我們充實滿意的工作中掙錢。但即使你認為不知道自己的人生目的是什麼，你的靈魂和你的指導靈也非常了解，讓祂們協助你發現你來到這裡是要完成什麼事。

六、更加信賴「宇宙」和自己

與我們的天界幫手共事的另一個好處是，我們更加信賴「宇宙」和自己。當我們意識到我們的指導靈始終在與我們交談時，這種情況就會發生。之前只是我們的理性思維，基於之前討論過的原因，忽略了指導靈的信息，為此，我們不得不拒絕直覺，於是導致不信任自己和「宇宙」。一旦我們學會了再次聆聽自己的直覺，再次信任自己就變得比較容易。此外，我們還領悟到，「宇宙」正在與我們合作，而不是反對我們。

七、支援隨伺在側

之前列出的好處，只是精選出你可以因為與指導靈共事而期待什麼。你可以期待的其實更多，只要你的目標和渴望與一切的至善相呼應，你的指導靈便樂意協助你實現和達到目標和渴望。你可以將祂們視為人生中的靈性導師。這並不意謂著，祂們將會為你解決所有問題。你來到這裡是為了體驗生命，而不是像玩電子遊戲一樣，利用速查表盡快通過。這確實意謂著，你絕不孤單，支援總是在附近。那是多麼的神奇啊！

＊＊＊

接下來，我們將檢視一下與指導靈共事的危險。並不是說你的指導靈會危害你或使你受傷，危險源自於你自己的小我，以及小我因為與指導靈共事而產生的反應，包括對擴大的世界觀、增強的個人力量、接觸到新的靈性真理的反應。我不是故意嚇唬你，但是，就跟生命中的一切一樣，有風險存在，而且在開始之前就知道不該做什麼還是比較好。

與指導靈共事的危險

有些人不相信與靈界連結是有風險的，他們要麼從來沒有考慮過這個問題，因為在他們眼裡，靈界全是「愛與光」；要麼他們認為，沒有負面存在體居住在靈界。我不同意這樣的說法。即使我從不曾因為展開靈性之旅而飽嘗負面結果的煎熬，但我在其他人身上觀察到了這些負面結果，聽到了太多我無法視而不見的說法。幾乎每一種文化和靈性傳統，都有標準程序保護人們免於與靈溝通的負面效應，那是有原因的。不管怎樣，你準備得愈好，遇到問題的可能性就愈小。因此，且讓我們提出，當你企圖與你的指導靈連結時，可能會出現的四個課題。

事實上，較大的危險在於你自己的小我，如果小我不受控制，可能會對自己和他人造成傷害。知識就是力量，可以預防百分之九十九的相關危險，因此，請仔細閱讀以下內容。

惡靈搭便車

惡靈存在嗎？根據個人的靈性傳統或文化遺產，你得到的答案將會不一樣。我的立場是，就跟人類一樣，有友善的靈，也有不那麼友善的靈。即使我不會將絕大多數不那麼友善的靈歸類為邪惡，但是它們的盤算可能與你不同，而且不在乎你的福祉。在我看來，這意謂著，假設所有的「靈」都將你的最大利益放在心上，那是幼稚的。在我們的物質實相中，我們不會為了結交新朋友而在糟糕的社區裡閒逛，也不會隨便邀請陌生人進到我們家裡。與靈界互動時，同樣的規則適用。你想要運用辨別能力以及建立信任。要慢慢來，不要急於與潛在的指導靈建立關係。首先要好好了解它們，也就是說，請注意孤魂野鬼和指導靈之間是有差別的。並不是所有的靈都是慈善的，都是在這裡要幫助你的。但是，按照定義，所有指導靈都是慈善的，在這裡是要幫助你的。請記住，唯有來自更高界域、以無條件的愛與我們連結的存有，才能夠成為我們的指導靈。在你可以經由典禮遇見你的指導靈之前，我將在本書的最後部分教導你，如何確保沒有不受歡迎的訪客一路搭便車。

迷信上師情結

在你的指導靈旅程上，你可能會遇見的另一個挑戰是小我膨脹，有時候顯化成為一種上師情結（guru complex）。情況嚴重時，某人可能會以為他們是真正的「基督再臨」或另一位宗教人物，即將拯救世界，而且期待周遭每一個人對他鞠躬敬拜。我們都聽過邪教領袖在情緒、心智，乃至性的層面虐待他們的追隨者。他們時常聲稱自己正在遵循某位指導靈的指示，藉此合法化自己的行為。實際上，那只是他們的小我誘使他們誤入歧途。為了避免這種危險，請始終保持謙虛，而且要領悟——是的，你很特殊，獨一無二，但是其他每一個人也是這樣的。你的指導靈永遠不會鼓勵你將自己置於他人之上。

文化盜用

除了實體房地產和智慧財產之外，也有靈性資產。既然我們都知道偷竊別人的汽車或歌詞是不行的，那就應該領悟到，偷竊別人的靈性遺產同樣是不公平的。受到他人啟發是可以的，但只是拿取他們已經得到了幾百年乃至幾千年的靈性知識，將不會為你服務。首先，在殖民和占領時期，人們為了保護自己的文化遺產，受苦和死亡的可能性非常大。只是拿取我們想要的東西而不尊重對方的所有權，那是相當不尊重的行為。其次，他們的修習法對你無效，因為沒有文化上的理解，修習法便失去了原有的意義。你應該要做的是：舉例來說，嘗試理解為什麼某一文化提供玉米酒給他們的指導靈，然後找到一種當地的替代方法，或是從你自己的文化中找到一種產生相同結果的修習法。此外，要好好考慮回饋給你的老師們，即使你在現實生活中並不認識他們，只是在書本或線上讀到他們的修習法。如果他們的知識幫助到你，請考慮捐款給支持他們的事業，以此交換，這類事業包括：國際生存組織（Survival International）、文化生存組織（Cultural Survival）、亞馬遜保護團隊（Amazon Conservation Team）。

靈性繞道

與指導靈合作時，運用靈性避開情緒和心理課題是你面臨的另一個風險。再次強調，那是你的小我在做工，找藉口繞過現實。如果你發現自己花太多時間參加靈性靜修，花太多金錢上課和參加工作坊，請停下來檢視一下原因，你是否正在逃避日常生活中的某些問題？

顯示靈性繞道的另一種方式是，如果你以靈性理想的名義壓抑不愉快的情緒。人生是艱難的，閉上眼睛，無視那個嚴酷的真相可能看似比較容易，但是任何保護我們免於尚未解決的課題的靈性行為都是不健康的。如果你發現這事正在發生，請好好檢視背後的動機，如果有必要，不妨向治療師求助。

＊　＊　＊

既然你知道什麼是指導靈、哪些類型的指導靈存在、與指導靈合作的好處和危險是什麼，現在該是做測驗的時候了。你準備好要找出你擁有七種指導靈中的哪幾種了嗎？

第3章

你擁有哪幾種指導靈？

我的指導靈靈媒的生涯始於一次小睡，那天是二〇一六年夏天，我住在西班牙的巴塞隆納。當時的我經營一項業務，幫助藝術家在線上出售他們的創意作品，但是覺得沒有動機和成就感。還好，我非常了解自己，足以意識到我已經進入了人生的過渡階段，需要的是大量的休息、耐心、自我照顧。我設法確保聆聽我的直覺和我的指導靈，而不是內在的批評者，後者只是不斷告訴我，我應該做些什麼——主要是不斷忙碌和忽視我的直覺。

我不是第一次發現自己處在這樣的情境中，而且我知道事情最終會迎刃而解。儘管如此，某天下午，我感覺到特別挫敗和失落，於是決定躺一下，希望事後會覺得比較好。當我從那次小睡醒來時，我的思想還不集中，周遭世界朦朦朧朧，我感覺到我的頂輪大大敞開，信息像波浪一樣湧入我體內。我接收到了將會永遠改變我的人生軌跡的重大下載：靈界要求我開始為付費個案做指導靈解讀。

與靈協作

令人驚訝的是，那次下載還為我提供了一套完整的營銷計畫，包括本章提出的測驗的簡易型網路版構想。不過，關於測驗中的實際問題，我並沒有接收到任何指引，因此我必須認真研究如何創造測驗，然後利用我個人的經驗與指導靈一起設計問題。

這說明，與聖靈合作並不意謂著一切都呈現在銀色的大淺盤上。它始終是一種協同合作——我們的指導靈完成祂們的部分，而我們必須完成我們的部分。就我的例子而言，祂們提供了靈感的火花和營銷的指引，而我必須拿起筆記型電腦，教導自己如何創造測驗，然後真的將測驗放在線上。這次協作引導我展開人生的新篇章，最終更撰寫了這本書。

偶爾，這種協作的需求，使我們無法理解指導靈何時正在與我們溝通。許多案例顯示，指導靈已經將祂們的建言賜予我們，只是在等待我們採取相關的人類步驟讓事情發生。唯有當我們完成自己的職責時，指導靈才會引導我們沿著我們的道路前進。

因此，當你得到來自指導靈的訊息時，要仔細聆聽，然後準備好在物質界貫徹他們的建言。要願意靠自己踏出一步，然後回去收聽關於從哪裡該往何處去的線索。是的，有靜心和祈禱的時間，但是也有採取行動的時間。

接收到這則來自指導靈的強大訊息之後，我採取了行動，根據我的觀察，包括人們、他們的指導靈，以及他們如何共同合作完成難以置信的事物，開發了下述測驗版本。

我從自己的經驗知道，一旦我創建了線上測驗，更多的信息便會透露給我，最終引導我來到更加幸福快樂且充實滿意的人生，而且我並沒有錯。

找出你的指導靈

我已經盡可能讓這個測驗簡單易懂。測驗由二十五個問題構成，每一個問題有七個可能的答案。逐一細讀問題，然後針對問題選擇最接近你自己的見解、經驗或想法的答案。不要跳過任何問題，而且每次只選擇一個答案。最後，不要想太多，讓你的直覺引導你。

好了嗎？現在我們開始吧。你想要知道七種宇宙幫手的哪一種現在正在與你互動呢？

1. 小時候，你最喜愛的床邊故事、電影和書籍講的是什麼呢？

A. 具有超能力的英雄

G. 天界的幫手前來解圍

E. 動物

F. 在其他星球上的空間或生活

D. 大自然與荒野探險

B. 鬼魂或過去——你的祖父母會說給你聽的故事

C. 僧侶、修女、聖徒或其他有靈性思想的人們

2. 空閒時，你最喜歡做什麼？

A. 創造事物

E. 在當地的動物收容所當志工

G. 支援其他人完成對方需要的任何事
C. 靜心冥想
B. 與家人共度時光
F. 與我的電腦、社交媒體或網際網路相關的任何事情
D. 健行，在大自然中消磨時間

3. 你已經完成或想要完成的是哪一種靈性療癒？

A. 在金字塔中的典禮
G. 雙生火焰業力釋放
D. 死藤水典禮
E. 與海豚一起游泳
F. 靈氣療程
B. 祖先療癒
C. 靜默的閉關禪修

4. 你如何體驗到自己的直覺？

D. 在我的腸子裡或視之為一種身體的感官體驗
G. 視之為我心中的一種情緒或感覺
F. 視之為突然的洞見或靈光乍現的時刻
A. 視之為一則請求或命令
E. 視之為一種無意識的本能
C. 視之為建言或功課
B. 在非常深入的細胞層面

5. 你想要擁有什麼樣的超能力？

F. 心靈感應
E. 變身
D. 立即顯化
G. 療癒力量

B. 與死者對話

C. 無限的智慧和知識

A. 永生不死

6. 你曾經有過（或想要擁有）最瘋狂的靈性經驗是什麼？

D. 小精靈、地精或美人魚造訪我

B. 我看見鬼了

G. 我被愛和感恩征服，被白光和火花包圍

C. 我在靜心時達到了開悟的狀態

E. 我感覺到自己轉化成一隻動物

F. 我遇見了外星人或不明飛行物

A. 我被加冕成為國王／王后，或擔任另一個重要的領導職務

7. 你最愛的食物是什麼？

G. 甜點和糖果

A. 有許多選擇的盛宴

C. 簡單但營養豐富的一餐

D. 水果和蔬菜

E. 肉

B. 我們最愛的家庭食譜

F. 我吃東西是因為不得不吃，不是為了愉悅而進食

8. 你希望你的指導靈幫你完成什麼事？

G. 以某種本領幫助他人

A. 變得更強而有力

F. 理解和治癒我在這個星球上沒有歸屬感

D. 拯救地球免於毀滅

E. 為動物的權利而戰

B. 改善家庭關係

C. 抵達開悟

9. 你有過哪一種假想朋友，或是你小時候曾經喜歡過哪一種假想朋友？

E. 老虎、狼或龍

G. 天使

B. 已故的祖母或祖父

D. 仙女、美人魚、地精或小精靈

A. 男神或女神

F. 來自另一顆星球的訪客

C. 有智慧、有耐心、慈悲為懷的老師

10. 你想要住在什麼地方？

A. 城堡裡

D. 鄉間的房子

F. 擁有所有最新技術的未來式房屋

E. 農場上

C. 修道院或聚會所

B. 我的家族代代相傳的祖厝

G. 有白色簡約室內設計且氛圍寧靜、和平的房子

11. 小時候，你認為長大後想要成為什麼樣的人？

G. 護士、老師或其他幫助別人的人

F. 科學家或太空人

E. 獸醫或其他與動物互動的人

D. 公園巡護員、環保主義者或園丁

A. 名人

C. 比丘、修士或比丘尼、修女

B. 就跟某位最喜愛的家人一樣

12. 以下哪一項最能描述你擁有的教養類型？

A. 嚴格但公平

C. 我的父母總是信任我可以為自己做出明智的決定

F. 我覺得在自己家裡有點像局外人

G. 即使還是個孩子，我也必須照顧別人（例如父母親或兄弟姊妹）

B. 我的家人中至少有一位飽受虐待或成癮之苦

D. 我被鼓勵要盡可能常在戶外

E. 我很早就學會了競爭

13. 如果你有機會完成以下列出的事情之一，你會選擇哪一項？

E. 設法確保人類尊重地球上其他生物的權利

A. 召集世界領袖齊聚一堂，共同創造世界和平

C. 在每一個人心中種下做出明智決定的能力

G. 治癒所有的病人，餵養所有的飢餓者

D. 把環境打掃乾淨

B. 確保未來世代不會犯下跟我們一樣的錯誤

F. 創造使每一個人都有自由追求自己夢想的技術

14. 你最愛以什麼方式與神性連結？

D. 在戶外的大自然中

E. 透過身體的活動

A. 運用歡樂的慶祝活動

F. 以社群的方式

B. 運用儀式或典禮

C. 寫日誌

G. 祈禱

15. 你最苦苦掙扎的是什麼？

A. 處理我的責任

B. 家庭關係

D. 自律

F. 表達情緒

C. 太過囉嗦

G. 自我價值

E. 憤怒課題

16. 你比較喜歡去哪裡度假？

B. 中國的長城、埃及的金字塔或羅馬的競技場

F. 駭客營、加密貨幣大會或火人祭（Burning Man）

D. 在大峽谷健行，在阿爾卑斯山滑雪或在海灘露營

C. 寫作靜修營、泰國的佛寺或印度的瑜伽靜修營

G. 豪華的水療中心、巴哈馬的度假勝地或紐約市購物之旅

A. 有管家的出租城堡，維珍帝國創辦人理查·布蘭森（Richard Branson）的獨立渡假小島內克島（Necker Island），或英國女王的避暑別墅巴摩拉（Balmoral）

E. 狩獵旅行、運動型飯店或生存營

17. 你如何度週末？

D. 和朋友們玩得很開心

A. 寵愛自己

G. 照顧其他每一個人，然後在晚上喝一杯酒放鬆身心

C. 閱讀

F. 在我的電腦上工作

E. 在健身房鍛練

B. 與家人共度美好時光

18. 你會捐款給什麼事業？

C. 某個新方案，記錄世界原住民的口頭智慧

E. 受創動物的營救所

F. 某研究計畫，意在發現其他星球上的生命

D. 雨林保護組織

G. 孤兒院

A. 培育世界各地弱勢社群的傑出青年領導力課程

B. 找到亞特蘭提斯和列穆里亞遺蹟的考古探險隊

19. 以下哪一項描述了你最想有過的前世？

C. 西藏的比丘尼或比丘

G. 一家慈善機構的負責人，在英國的維多利亞時代幫助街上流浪的兒童

F. 某項永遠改變人類的重要發明的創造者

A. 國王或王后

D. 與植物互動的傳統療癒師

B. 古代薩滿部落的成員

E. 獅子

20. 你希望如何慶祝你的下一個生日？

A. 一場大型派對。每一個人都受邀

G. 為我最喜愛的慈善機構募款

B. 被我最親愛的家人和朋友包圍著

F. 辦個現場直播活動，囊括我在線上結交的所有朋友

C. 只有我和一本書
D. 一場海灘聚會
E. 有趣的一天，參加我最愛的體育活動

21. 如果你只剩下一年可活，你要如何打發時間？

F. 開發一種人工智能，讓我死後可以從另一端溝通交流
B. 設法確保我的摯愛知道我多麼感激他們
A. 創建一項我可以被人們記得的遺產
C. 為死亡帶來的靈性轉化做準備
E. 帶著我所有的寵物在鄉下安靜的生活
G. 設法確保在我去世後，每一個人都會得到照顧
D. 到地球上最美麗的地方旅遊

22. 你如何蓄意破壞自己？

D. 我往往不信任其他人類
B. 我很難嘗試新事物
G. 我有成癮的傾向
C. 我可能有點自以為是萬事通
E. 我可能太衝動
A. 曾經有人告訴我，我很跋扈
F. 我不是每次都能把情緒處理好

23. 你最欽佩他人身上的什麼特質？

A. 力量
C. 智慧
E. 果斷
G. 同理心

F. 聰慧

D. 創造力

B. 擇善固執

24. 你欽佩什麼樣的名人？

B. 歷史人物

F. 科學家

D. 環保主義者

A. 領袖

G. 慈善家

C. 靈性導師

E. 運動專業人士

25. 以下活動，哪一項讓你最放鬆？

F. 投入我最愛的嗜好

D. 園藝

G. 喝一杯葡萄酒

B. 花時間與摯愛在一起

E. 動動身體

A. 知道事情暫且有其他人負責

C. 靜心冥想

計算你的結果

回答完所有問題後，再次瀏覽一遍，數一數你為每一種指導靈勾選了多少答案，如下所示：

A	B	C	D	E	F	G
神明	祖先	揚升大師	自然靈	動物指導靈	星際存有	天使

一旦確認得分最高的前三種指導靈，請翻到相對應的章節，更詳細了解每一種獨特的指導靈。因為這麼做，你將會開始深刻的理解你身邊的指導靈。如果你只有一或兩類得分很高，其他類別的得分幾乎相同，那就讓你的直覺引導你，閱讀召喚你或最令你感興趣的章節。要信任，這對你來說完全正確。

如果你仍然感到困惑，請閱讀第5章祖先指導靈，這絕不會錯。每一個人都有祖先指導靈，而且許多靈性傳統，要求受訓的靈之工作者首先與祖先們共事。

重要的是要記住，你有一支完整的指導靈團隊。因此，一旦你確認了與你最為契合的類別，請繼續閱讀那些章節的其餘部分。然後好好聆聽你的直覺，調頻進入你身邊的其他線索。要留神來自你的其他指導靈的訊息和信號，最終祂們將會逐一的向你揭露。

你怎麼知道你何時確認了整個團隊？你不知道的。即使你擁有今生與你同在的核心團隊，其他指導靈也會來來去去，這些都取決於你當前的生活境況，以及你在你的靈性之旅上的什麼地方。

■ ■ ■

第二部

七種指導靈現身

第4章

神明

我可以追溯與我的一位神明指導靈的連結，一路回到一九九九年十二月二十三日，當時我還是德國境內的學生。我在火車上，要去比利時拜訪我的父母親，共度聖誕。幾天前，我的朋友碧安卡給了我一本小書看，叫做《立方體的祕密：透視你人際關係的視覺想像遊戲》（*Secrets of the Cube: The Ancient Visualization Game That Reveals Your True Self*），作者是安妮．葛特麗柏（Annie Gottlieb）。回顧當時，我仍然非常努力釐清自己是誰，我想要如何對待我的未來，因此這本書激起了我的興趣。坐進火車上我的座位，窗邊冬天景色飛逝，我打開那本書，開始閱讀。

首先，作者要求我觀想一座沙漠。我閉上眼睛，允許想像力召喚出美麗的白色沙丘與背景的雄偉山脈。接下來，作者引導我添加一個立方體。我吸了一口氣，在心靈之眼中看見遠方有一間小小的方形木屋。我在火車上，周圍的空氣突然間變得比較凝滯，我的皮膚開始刺痛發麻，我的頂輪大大敞開。然後我感覺到自己陷入了非常輕度的出神狀態，使得眼前的觀想變形成為異象。我不再感覺到彷彿我正在創造眼前的那些圖像，反而是圖像被送到我眼前。我把書放在大腿上，讓自己被拉進那座沙漠，那裡陽光明媚，空氣因高溫而發著微光，四下安靜無聲。我的意識飄向遠方的那間小屋，屋裡頂多只有一間小室。當我靠近時，我看見小屋盤旋在沙子上方，前面的牆壁上有一扇窗戶和一扇門。門開著，一名女子站在門口。

我馬上認出這名女子，立即體認到她的能量，即使記不得以前曾經見過她。我的心輪打開，大量的愛湧入我心裡。她微微一笑，而我的「靈」感覺到被擁抱且受歡迎。我回到家了，不由得淚流滿面。我的人類自我完全不知道發生什麼事，但是我的較高自我（高我）知道，剛剛發生了某件重要的事。我繼續閉著眼睛，直到異象宛如幾縷薄霧緩緩解體，我的意識重新回到我的身體內，而我的五感覺察到火車上的其他乘客。儘管當時我並不了解情況，但回首過去，我現在知道，這是西非約魯巴（Yoruba）傳統中的海洋女神葉瑪雅（Yemaya）第一次與我連結。

體會過許多次類似的經驗後，我才把那些點連結起來，領悟到葉瑪雅正在設法與我溝通。祂曾經利用我的觀想練習製造第一次接觸，即使那意謂著將祂通常水汪汪的家園換成沙漠。祂從不曾以物質形相出現在我眼前，不像多年來我曾經見過的許多其他存有那樣。結果，我與祂的關係逐漸而緩慢的發展。這是與靈溝通如何運作的一大部分；它的重點在於，放下期待，接受與靈交談需要學習一種全新的語言，而且這需要時間。

對我來說，葉瑪雅並不是立即顯而易見的指導靈，因為我從不曾正式啟蒙進入任何一種非洲移居宗教（也因此，並不是自稱要為他們說話，而是信任我自己的經驗）。然而，祂一開始製造接觸，我便深入的反思祂的臨在，於是彼此的連結開始有意義。我是處女座，上升星座是雙魚（一半女人，一半魚），我的親生母親名叫瑪麗娜（Marina，意思是「來自大海」），人們喜愛送我珠寶（珠寶常是獻給葉瑪雅的祭品之一），而且我酷愛洗澡還洗很久。此外，在死藤水典禮期間，我總是看見自己和美人魚一起游泳。這些全都是我的人生小細節，分開個別看並不覺得很重要，但是當匯聚起來成為一個整體，讓我清楚的知道，「魚之母」葉瑪雅是陪伴我的指導靈之一，以及為什麼祂是我的指導靈。

自從那回首次接觸以來，葉瑪雅一直以神明的獨特方式，引導我的靈性發展。祂帶領我沿著一條經驗之路前行，而經驗提高了我的自我價值感，最終幫助我成為指路人，指引想要更加了解自己的指導靈的人們。或許令人驚訝的是，祂也在引導我創業。起初，你可能不會期待「魚之母」成為線上營銷的天才，但是在約魯巴奧里莎（Orisha，意指「神靈」）傳統中，祂的許多名字之一是葉瑪雅．瑪耶雷渥（Yemaya Mayelewo），而且呈現這個形相時，據說祂善於理財和做生意。我絕對可以證明這點，因為每當有裨益的商機出現時，祂都會讓我的皮膚刺痛發麻，而且祂經常引領我來到——結果發現與祂有所連結的個案和老師面前。

神明到底是什麼？

談到神明（deity，或稱男神或女神）時，關於神明是什麼目前尚無共識。在基督教、猶太教、伊斯蘭教等一神論宗教中，只有一位神被視為萬能的、永恆的，也是宇宙的創造者。一位全能的神介入世界的信念，源自於青銅器時代晚期，而且過去（現在往往也還是）被西方神學家認為是唯一真正的宗教。當然，那不是真理。

在多神論（polytheism，例如古希臘）中，以及日本的神道教（Shinto）、聖特利亞教（Santeria）、各種新異教（Neo-Pagan）信仰中，神明經常有兩種不同的起源：祂們可以是大自然的力量，例如，風、閃電或海洋，也可以是因為承認其英雄事蹟或道德完善屬實，而被晉升至崇高地位的祖先。大自然被奉為神明的力量，以及進化的祖先，通常被描繪成具有跟人類一樣的性格，搭配正向和負面的情緒。每一位神明都有自己的私下盤算，也有在虔誠信徒幫助下努力達到的目標。這些目標的一部分可能是人類的靈性提升、文化和傳統的保存、保持宇宙的平衡，或單純的透過化身靈魂，在塵世間的五感體驗物質生命的喜悅和歡樂。

然後有單一主神論（henotheism），表示所有男神和女神，都是一位至高無上的存有的不同表現、面向或途徑。這種信仰存在於祆教、印度教，以及又稱「摩門教」的「耶穌基督後期聖徒教會」（The Church of Jesus Christ of Latter day Saints）的某些方面。

如果這些定義和思想流派，有哪一個對你來說很陌生，請不要擔心，你不必記住它們。重要的是，要反思自己的立場和信仰。你不必相信父母告訴你的話，或從小到大聲明是真理的宗教。有許多的靈性道路供你選擇。靈性是沒有明確答案的主題，最終歸結成為個人體驗到的主觀實相。事實上，這就是本書的重點。我希望你為自己體驗到你的指導靈，沒有任何人告訴你應該相信什麼。不過，在你開始自己的探索之際，仔細檢視整個歷史中其他文化、傳統和個人的神明和靈性信念，可能是非常有幫助的。這些以一種很難靠自己完成的方式，敞開你的心智。

現在，花點時間，閉上雙眼，然後反問自己，神明的觀念對你來說，看起來和感覺起來像什麼。就找出哪一位神明正在與你互動而言，這點本身可以是重大的線索。靜坐片刻，與你的念頭同在。「神明」感覺起來是男性還是女性呢？是遠還是近呢？是權威的還是睿智而有愛心的呢？是強大還是溫柔呢？是大還是小呢？

為了基於本書的目的而定義「神明」這個詞，同時讓那個定義盡可能的開放和包容，我們將會指望泛神論（pantheism），這是另一種依據宗教對神明的看法而替宗教分類的方法。泛神論假設，所有存在都是某個統一的至高原力的一部分，而且任何東西都無法脫離這股原力而存在，不管那股原力叫做上帝／女神、宇宙、一切萬有（All That Is）、本源（Source）、聖靈，或其他任何名稱。我們也承認眾多男神和女神彼此獨立存在，擁有幾乎跟人類一樣的性格，而且刻意尋求與我們接觸，就跟我的指導靈葉瑪雅女神一樣。這些是我們可以與之建立深厚個人關係的神明。祂們是至高無上的存有，具有超自然的力量以及往往如英雄般的態度。祂們可以將我們的意識提升到更高的層級，幫助我們達到我們在物質世界裡的目標。很神奇，是吧？

◎指導靈的特徵

儘管男神和女神可以擁有千變萬化的人格特質，從奧丁（Odin）瘋狂和憤怒的本性，到拉克希米（Lakshmi）優雅而寬容的指引，但祂們還是有許多的共同點，而且有某些特徵使祂們被分為同一群。有三大特色可以區分祂們與其他類型的指導靈，而了解這些獨特的特色，將會幫助你識別個別引導你的男神或女神且與祂們連結。

一、有權威

神明的能量通常感覺起來莊嚴而有權威，這是因為祂們居住在更高的層級，意謂著祂們在不同的能量頻率上，因此擁有更崇高的存在觀。這就好像比較一下正在穿越馬路且只能看見周圍發生的事的某人，以及坐在屋頂露台上的某人，後者可以觀察到街道上的行人、他們身後的高樓大廈，以及狗正在對街院子裡玩玩具。神明就像屋頂上的觀察者，單純的觀察到更大範圍的實相。這賦予祂們某種力量（和責任），而那是單靠我們自己無法擁有的。

有時候，當我們初次見到神明指導靈的時候，這股力量可能引發本能的恐懼反應。要覺知到，如果你有這種感覺，並不意謂著你接觸到的是負面乃至邪惡的存在體，它只是意謂著，你的一部分體認到，你的面前有一位莊嚴宏偉且擁有更高力量的靈。這是我喜歡將這個指導靈群組描繪成「有權威」的原因——我們的直覺將會立即感應到祂們的權威，而且這是一種有意義的方式，可以體認到祂們的臨在。當我靜心且與葉瑪雅連結，將我的能量與祂的能量融合在一起的時候，我可以感覺到祂何時到來，因為我自動的坐得更為挺直，彷彿從某張寶座上看見世界。來自世界各地的宗教、文化和政治領袖時常將自己的權威，建立在來自某位神明的召喚或與某位神明的連結，祂們是那麼的威力強大。

二、要求奉獻

神明的第二個鮮明特徵，與祂們的權威本性息息相關，事實是，祂們要求我們的忠誠與奉獻。舉例來說，我的指導靈葉瑪雅很愛我研究祂以及為祂服務的靈性世系。

儘管那可能不是敬拜祂的傳統方法，但祂似乎很享受這個事實：我以這種方式將時間奉獻給祂。

多年來，我們表達對神明奉獻的一種方法，一直是為神明建造優美而精緻的廟宇。從歷史的角度看，這些努力需要大量的時間、精力和人力。那個希望一直是——投入大量的時間和努力經營與眾神的關係，將會為靈性社群帶來更大的賜福和天賦。

然而，一旦與神明交流，請記住，奉獻的最崇高形式是，了解那位神明對宇宙其餘部分的職務、責任和目的，然後讓你自己與那個目的連成一氣。神明指導靈將會鼓勵你捨棄你的小我，支持致力於為至善努力的人生。我做到這點的一種方法是，以適用於現代人的全新方法，幫助葉瑪雅保存與靈溝通的古代傳統。那需要大量的時間和精力，但是也使我的人生變得更加豐富而有趣。

三、參與人類事務

神明最後一項要覺察到的特徵是，祂們頻頻干預人類的事務。祖先也與人類的生活緊密交纏，但是規模較小，因為祂們聚焦在某一世系或文化群體的目標。然而，眾所周知，男神與女神們啟動了大規模的事件，對整體人類產生重大的影響。這些範圍從戰爭、飢荒、自然災害等悲劇，到似乎比較神奇的事物，例如，引進新的食物、偉大藝術作品的靈感、帝國的建立。

如此密切參與人類的事務，也可以被表達在個人的層面。與某位神明合作時，你可能會感覺到自己經常被要求完成某些事。舉個例子，葉瑪雅一直邀請我積極找出與祂連結的其他靈之工作者，向對方學習。這樣的個人參與，只發生在為某個更崇高的目的服務時，心中有個最終目標，而且你可以信任，如果貫徹到底，你的努力將會對你的人生造成正向影響。

◎來自神明的天賦

因為與神明緊密連繫而產生的天賦多不勝數。許多故事代代相傳，講述英雄、國王、平民，被某位男神或女神賦予了一或兩種超能力。超人的實力、飛行的能力、變形成某隻動物的能耐，只是其中幾則經典例子。但是且讓我們聚焦在來自神明指導靈的三項天賦，它們最有可能對你的人生產生持久而正向的效應。

一、領導能力

如前所述，許多宗教和世俗領袖，將他們的權威奠基在與某位神明的聯繫，而且我們全都知道，當支配統治的其實是小我的時候，許多虐待事件曾經以神的名義發生。但是為什麼身居領導地位的人們，似乎與神明有連繫呢？

其一，神明通常會與在各自的社群中，已經展現出成為偉大領袖傾向的個人合作（即使這些人本身並沒有體認到）。其二，與神明連結本身，啟發人們為自己的人生以及人類同伴的人生負起責任，而不是就讓自己的境遇支配自己的天命，因此將他們塑造成為領袖。

所以，神明指導靈將會幫忙把你的視角，從小我主宰的視角轉換成為以更大目的為動機的視角，而且將會鼓勵你成為你原本注定要成為的領袖。這並不意謂著，突然間，你就會開始活得像國王一樣。不過這可能意謂著，你將會成為某家公司的 CEO（首席執行長），提供解決方案給你的社群面對的問題。或是，你可能會成為某個重要事業的志工，最終對他人的人生產生重大的影響。

二、健康的自豪感

自豪（pride）時常帶有負面含義，這在《聖經》的名言中表達得淋漓盡致：「驕者必敗（Pride goeth before the fall.）」自豪時常與虛榮或自負混為一談。然而，我們也知道，帶著不健康的低自尊的人，鮮少活出快樂而富饒的人生。在談到為世界服務時，自信、尊重、接受自己的真實自我，都是有所裨益的特質。唯有平衡的個人才能幫助世界帶來平衡，而健康的自豪是其中必不可少的部分。

神明是相當自豪的，幸運的是，當我們與神明有關係的時候，自豪會沾染到我們。約魯巴伊法（Ifa）宗教的神靈「奧里莎」們是一個不錯的例子，祂們陪伴著奴隸船上被俘虜的人們，完成了從西非到美洲的旅程。這些人有能力讓自己的男神和女神活著，有時候與天主教的聖徒們合而為一，對壓迫者隱瞞他們的神，幫助祂們存活下去。如今，這些神靈「奧里莎」正在啟發非洲世系、歷史、文化中蘊藏的一種新的（健康的）自豪感。

三、渴望留下遺產

神明賦予我們的最後一項重大天賦，是渴望留下遺產。就這方面而言，遺產並不是虛榮或自負的結果，而是強烈的目的感的結果。儘管某些其他類型的指導靈，可以參與和挹注我們的人生目的，但是神明帶著建立持久的東西的渴望，將這份召喚帶到另外一個層次。有些人的確會將這股衝動，轉譯成為建造甚至從月球上也可以看見的巨型結構，或是做出可能符合或不符合社群最佳利益的其他大動作。但是在比較深入的層面，留下遺產的衝動的重點其實是，在離開地球層面時，知道對未來居民來說，你的努力已經使這個世界成為更美好的地方。企業家、CEO、高層政治人物，以及著名的藝術家、演員、音樂家，都是絕佳典範，他們專心致志、守紀律、帶著成功的強烈渴望，結果必會留下有價值的遺產。

這並不意謂著，你必須有名氣或成立一家百萬美元公司，才能留下遺產（除非你想要那麼做）。對你來說，渴望留下遺產，可能會表達在致力於你的個人嗜好的網站中。或者，渴望留下遺產可能是一絲不苟的研究你的家譜，供後代子孫享用。本書就算是一則個人實例，它是我研究與靈溝通的貢獻。

◎神明帶來的挑戰

由於生活在二元世界中，我們所做的每一件事都會產生正向和負面的結果。雖然可以期待好好享受指導靈為我們帶來的好處，但我們也需要覺察到，指導靈也可能會帶來挑戰，好讓我們可以避開陷阱。談到神明時（祂們擁有與人類一樣的性格，因此也因為某些跟我們同樣的挑戰苦苦掙扎著，只是規模更大），有三大風險我們需要留心和避免，因為它們很有可能使我們的小我膨脹，因此害我們走錯路。

一、盲目奉獻

一號挑戰可能為我們和其他人帶來苦難，尤其是如果我們信奉錯誤的神明或理想。本章稍早，我們談論過神明如何要求奉獻。雖然這是真相，但是務必要知道，祂們絕不會要求你盲目的跟隨祂們陷入絕望的人生。

所以，如何知道你正在與慈善的神明交談，還是被不把你的最佳利益放在心中的存有操縱呢？我將在第三部更深入探討這點，但是首先，要信賴你的本能。好好聆聽你的直覺，緩慢而謹慎的進入與神明的關係，就跟進入與人類的關係一樣。不要承諾終生奉獻於你幾乎不認識的某人。花時間好好了解對方，記錄一下這段新的關係對你的人生有何影響。如果你感覺到全面的改善和幸福感，就可以冒險跨出下一步。如果你似乎陷入不愉快事件不斷向下盤旋，要小心謹慎，讓自己遠離這個靈。

二、變得權欲薰心

與神明合作讓你體驗到比你自己大上許多的潛能，可能使你想要更多。為了影響和改善世界而承擔更多的責任，當然沒有什麼錯，但是你必須帶著正確的意念做這件事，好好控制你的小我。否則，這樣的努力可能會轉變成醜陋的自我重視。你可能會發現你將自己的需求置於他人的需求之上，因為，畢竟，「你」是被眾神選中的，因此有權代表祂們做出決定，無須考慮他人的匱乏和需求。縱觀歷史，這種模式已經導致了災難性的後果——最終可能且已經以戰爭、殖民主義、迫害、種族滅絕作為結果。所以，我們該如何避開這個陷阱呢？

最輕易的方法是，仔細觀察其他人對你的構想和行動的反應。如果他們信賴你，樂於跟隨你的領導，你便無所畏懼。然而，如果他們經常在決策過程中將你剔除掉，因為不相信你將每一個人的最佳利益放在心上，那就是時候到了，該要暫停一下，好好反省，針對你的行為做出需要的調整。神明指導靈可以且確實幫助你避開這個小我陷阱，祂們引導你進入需要你變得對自己和他人更加負責任的情境。但是你需要保持調頻對準你們的共同目的，且好好控制你的小我，才能實現你的允諾，成為令人欽佩且受人尊敬的領袖。

三、追求不死

對「不死」（immortality）的追求就跟人類本身一樣久遠，而且仍舊影響著我們的日常生活。你只需要查看一下排列在貨架上的所有抗老產品，以及線上湧進的訂貨資訊，或是整容手術的盛行，就可以明白我的意思。但是這份永遠活著的渴望來自哪裡呢？

試想一下：大部分的男神和女神都是不死的（至少從我們的視角看），因此發生的事情是，有些人也開始希望自己不死。然而，這種渴望是危險的，因為不死使我們無法朝著自己的天命邁進。死亡只是一扇轉化的門戶，將我們送到旅程的下一階段。「不想通過死亡」，使我們卡在不適合我們的靈魂成長的存在模式中。若要克服這個挑戰，就要敞開來迎接各種改變，有意識的處理死亡，而且體認到我們在靈魂層面是不死的，因此不必保持我們的物質形相。

男神和女神協助我們面對這個挑戰，讓我們瞥見帷幕另一邊的世界，也就是有朝一日，我們大家的終點。這些印象幫助我們體認到，若將物質界拋諸腦後，在這些其他的次元度中還有許許多多可以好好體驗。因此，如果你開始感應到某種日益增長、被自我重要性激起的渴望，要公然反抗必死性，那就是時候到了，該要與你的神明指導靈核對一下，虛心的重新連結到你在地球上的人生目的。

你與神明的連結，表達了關於你的什麼信息？

既然你已經了解了神明是什麼，也熟悉了神明獨特的特徵、天賦、挑戰，那麼且讓我們後退一步，檢視一下，當你的某位指導靈是男神或女神時，它表達了關於「你」的什麼信息。你與祂們的連結告訴你關於你自己的什麼信息呢？

一、你有明確的目的感

在你抗議：即使你多年來一直在尋找你的人生目的，卻不知道它到底是什麼之前，且讓我再次向你保證，你的靈魂確切的知道你為什麼在這裡。它知道你在這裡不只是為了你自己的成長和享受。你決定要來這裡執行任務，運用你生生世世培養起來的特殊技能和才華，讓這個世界變成更美好的地方。因此，即使你有時候感到失落和被困住，你的高我也確切的知道需要完成什麼事。苦苦掙扎的只是你的人類自我，因為它往往「現在」就想要所有的答案。

目前在這裡的所有光之工作者，不管他們的指導靈的身分是什麼，都有一份人生目的感，但是與神明指導靈合作，你的承諾和奉獻將會使你產生比多數人更大的影響。透過與那位神明指導靈的連結，你能夠得到更宏觀的視界，發展出完成那份職責需要的力量，培養起讓每一個人都參與進來的領導能力，最終為你的社群留下持久的遺產。

二、你很有魅力

儘管當代的國王和王后，大部分只是在典禮上擔任某個角色，但是想當年，他們可是國家境內最有影響力的人。表現出色時，他們為人民提供指引、靈感、娛樂。如今，最具影響力的人物，是我們每天在媒體上看到的人們，包括：電影明星、運動員、大咖CEO、政治領袖。但祕訣是：他們之所以登頂，不只是因為他們的技能，往往更是因為他們的魅力。

《韋氏詞典》將「魅力」（charisma）定義成「個人領導統御的魔法，為某位公眾人物喚起特殊的大眾忠誠度或熱情。」換言之，它是一種誘發奉獻的領導力，被視為非凡的。從靈性的視角看，魅力是靈魂的特質，允許某人成為引導的光，使這些人能夠為信任他們將會幫助自己創造更美好生活的一群人們照亮道路。即使你可能還不知道，但你也是有魅力的。如果你還有疑問，請用「臨在」（presence）代替「魅力」，然後回想一下，人生中人們因為你的「臨在」而感覺到被你吸引的時候。

與你個人的男神或女神建立更緊密的連結，將會帶出這點。祂們之所以選擇與你合作，如前所述，是因為你擁有類似的能量標記，吸引你們雙方團結起來。這其中有一部分是你的魅力。與祂們合作也增強這份臨在，因為你正在向祂們學習如何運作臨在，以及你該如何將臨在應用到自己的生活中。而且最後，承擔起領導者的責任，也使你能夠隨著時間的推移培養出魅力。

三、你有意願發揮力量為眾生造福

曾經有人說你跋扈、專橫或咄咄逼人嗎？這些特徵常被視為負面的，但是以不同的眼光看，它們意謂著，你有意願為了達到你的目標而發揮力量。有神明作為指導靈，顯示你至少有潛力利用你的意願發揮力量，為眾生造福。這是非凡的特質，唯有帶著最佳的善意才能使用。請務必知道，我講的並不是強迫任何人去做他們不想做的事，重點在於，利用你個人的力量幫助自己和他人將更多的光帶進這個世界。當神明指導靈在你身邊時，你具有這種潛力。

跨文化的神明溝通

當談到從古至今一直與神明合作的文化和靈性傳統時，最有名的前三個是古代的希臘、羅馬和印度文明。我們都聽過馬爾斯（Mars）和阿芙蘿黛蒂（Aphrodite），而且看過至少一尊海神涅普頓（Neptune）手持三叉戟立在噴泉中央的雕像。而大部分追求靈性的族群也了解甘尼許（Ganesh）——這位掃除障礙的象頭神，曾經踏上從印度到世界各地祭壇的旅程。

然而，世界各地都有男神和女神，從日本到奈及利亞，從巴西到柬埔寨。我們甚至不必回溯歷史，就可以學到人們如何與神明連結和溝通。當代的實例可以在異教復興派（Revival Paganism）、巫毒和坎東布雷（Candomblé）之類的非洲移居宗教，以及席捲西方文化的靈性運動中找到。來自這些靈性團體的個人，也已經針對這個主題執教和寫書。浮現腦海的名單有坦妮什卡（Tanishka）和蘇菲・巴什福德（Sophie Bashford），還有戴安娜・帕克森（Diana L. Paxson），以及凱納茲・菲蘭（Kenaz Filan）和雷文・卡爾德拉（Raven Kaldera）等等。

大部分與神明合作的靈性傳統，透過儀式、典禮、祈禱、井然有序的團體敬拜，與神明溝通。祭品可能是其中一大部分，因為獻祭在你與那位神明之間以及靈性世界與物質世界之間，建立起互惠感。祭品因靈性習俗而異，但是全都展現出對相關神明的讚賞。你可能會喜歡與你的神明指導靈連結，可以在家中建造一座小祭壇，獻上對你有意義的小物品當作祭品。

舉個想法供你參考，在神道教中，常見的祭品是一杯「日本清酒」，象徵富饒和得到賜福的豐收。在印度教中，鮮花被當作祭品，用來裝飾祭壇，而在坎東布雷教中，參拜者烹調特定的食物，在特殊的場合獻給他們的男神和女神。動物獻祭的靈性習俗，也來自獻祭的傳統。雖然我是素食主義者，不願提供這類祭品，重要的是，尊重世界各地的不同傳統，不要基於西方的理想妄加評斷。實行動物獻祭的傳統，包括古代的希臘人、羅馬人、埃及人、阿茲特克人（Aztec）。通常，犧牲的動物並沒有被浪費掉，而是成為聖餐，提供給儀式的參與者或需要的人們。

接收到召喚

縱觀整個歷史，以及世界各地有神明作為指導靈的靈之工作者，都曾經以下述方式接收到與神明共事的召喚：

- 迷戀崇敬神明的某一靈性傳統。
- 某位看不見的臨在，幾乎強力要求靈之工作者的關注。
- 某次祖先連結，連結到某位特定的男神或女神。
- 與該神明相關的同步性屢屢發生。
- 以這類指導靈為特色的夢境。

與神明的關係，可能具有父母與子女、雇主與員工、指揮官與士兵、愛人與被愛，或朋友與朋友之間的關係的性質。神明指導靈的參與程度，可以從鬆散的連結到全面的占有。後者與惡靈無關，而是單純意謂著，當事人允許那位神明利用他的身體執行療癒、參與儀式，或輔導社群的成員。無論你採用哪一種形式連結，請記住，雙方均從中受益。你——這個人類，協助這位神明達成祂們在地球上的目標，作為回報，祂們給予你賜福和天賦，引導你的靈性進展，為你帶來充實滿意的人生經驗。

由你決定創建獨特的溝通風格，藉此與你的指導靈對話。仔細深思你在本章學到了什麼，哪些部分在直覺層面與你起共鳴？哪些部分對你沒有多大的意義？你想要嘗試或了解更多什麼樣的信息？如果你願意，可以將筆記寫在工作簿（見附錄）中，準備好迎接什麼時候開始創建你自己的儀式，與和你互動的特定神明好好連結。

神明指導靈一覽表

- **特徵：**有權威、要求奉獻、參與人類事務。
- **天能：**領導能力、健康的自豪感、渴望留下遺產或典範。
- **挑戰：**盲目的奉獻、變得權欲薰心，追求不死。
- **擁有這種指導靈表達了關於你的什麼信息：**你有明確的目的感、有魅力、有意願發揮力量為眾生造福。

接下來，我們將檢視一下祖先指導靈——祂們的特徵、天能、挑戰，以及人類在整個歷史和跨文化之間如何與祂們合作。

第5章

祖　先

我祈禱和靜心，把自己準備好，然後打電話給祖先療癒師妲拉。我希望與祖先指導靈連結，祂可以幫助我闡明我的起源之謎。在這次療程期間，我們將全神貫注在某一支血統世系，之後再與其他血統世系互動，包括我的收養家庭的祖先血統世系。由於我總是感覺到與我的原住民根源很親近，所以很期待我的親生母親的世系可以在那天出現，與我們互動。我身歷其境，等待著莫大的驚喜。

妲拉要求我運用直覺掃描願意協助我們的祖先。當我這麼做的時候，感覺到一波愛與喜悅的浪潮沖刷著我，於是我笑得合不攏嘴，感覺好像接收到一個大大的慈愛擁抱。接下來，運用我的內在視界，我看見了一位非裔老太太在晴朗的天空下坐在一只烹飪用的大鍋前。她對我微笑，鼓勵我坐在她對面。我以前從來沒有見過她，但是根據她的種族特點，我領悟到，我親生父親的母親的血統世系已經與我連結了。

現在你需要了解，我沒有關於我親生父親的任何信息，更甭提他的祖先了。我還是不知道他的名字、他的年齡、他現在或過去靠什麼謀生，甚至他是否還活著。隨著時間的推移，我唯一懷疑的是，他有非洲血統，是在哥倫比亞境內被奴役的西非人的眾多後裔之一。從我十二歲開始，我的家庭多次造訪美國，於是十幾歲的我得出了這個結論。正如我之前提到的，在美國，我立即感受到賓至如歸，非裔美國人對待我像自己人。那就好像是，我屬於某個祕密俱樂部，而我的其他家人都不是其中的一員。這點難倒我了，因為我從不曾認為自己是黑人，其他人也從不曾那樣想過。

但是站出來代表我親生祖母這一支的祖先指導靈的這位女士，卻是非洲裔。與祂連結使我領悟到，那些非裔美國人對我的傳承的看法是正確的，而且那解決了我內在的某樣東西。我想起了曾經認為我的嘴唇不夠飽滿、鼻子不夠寬大，應該不是非洲裔的那些人，他們從來沒有意識到自己的評論多麼傷人（多麼無知）。而我一直保持沉默，因為我無法證明。但是現在我知道了，而且不在乎別人怎麼講。喜悅的淚水開始從臉上滑落，因為我領悟到，有一個原因可以解釋為什麼我對非洲的靈性著迷，以及單單是我就可以定義我是誰，不論別人怎麼想。對於來自我的祖先指導靈的這一課，我至今仍舊感激。

幾週前，我接受了DNA（去氧核醣核酸）檢測，在與姐拉一起進行這次療程之後十四天，我經由電子郵件收到了結果。我雙手顫抖著點開收件匣。萬一我弄錯了，怎麼辦？我深深的吸了一口氣，開始閱讀，如釋重負的鬆了一口氣，看見自己有百分之三十的非洲血統。我不禁莞爾，發送了一則心靈感應訊息，給我剛結識的祖先指導靈，感謝祂，而且讓祂知道，無論如何，我會永遠尊重祂的遺產。

祖先到底是什麼？

祖先是曾經在我們之前活過且不再與我們同在物質界的那些人，包括我們的祖父母、曾祖父母、我們今生認識的其他家族成員。不過，祖先也進一步包括——活在幾百年前乃至幾千年前且已被歷史遺忘的家族成員，以及來自各個前世的祖先。

廣義上來講，我們的祖先包含造就我們，成為今天的我們的那些人，不只是經由轉移DNA給我們，還包括在職業、文化、智力、情緒、靈性的層面。我們的祖先包括曾經啟發我們的書籍作者、我們的文化或宗教的創立者，以及在我們的專業上取得實質進步的個人。就更廣泛的定義來說，在我們之前活過的所有人類都是我們的祖先，無論他們活在什麼時間或活在什麼地方或他們的信念是什麼。

這留給我們一個待解決的難題。每一位祖先都可以成為指導靈嗎？難道強姦犯、殺人兇手、癮君子、無法自控的說謊者、自戀狂也算嗎？如果我們回溯得夠遠，這些人也都是我們的祖先。不用擔心，世界各地大部分的社會和神聖傳統，都承認這些比較討厭的靈也有應付這些靈的方法。這些社會和傳統並不接受這類靈的指導或建言，因為它們不是當指導靈的材料。然而，我們時常繼承這些祖先終其一生努力解決的未竟課題，酗酒、虐待、貧窮就是其中幾例。我知道，這聽起來不公平。為什麼我們必須清理別人的爛攤子？理由是，我們的靈魂在化身之前便同意幫助療癒這些課題。我們對我們的世系做出了承諾，這個世系包括我們自己、陷入困境的靈魂、未來的世代，以及我們的祖先指導靈。我們同意收拾殘局，好讓每一個人都可以享受沿著這個世系傳遞下去的天賦和賜福，不被業障阻擋。

儘管好幾位祖先可能把問題留給我們，但是足夠成熟的祖先卻可以成為我們的指導靈，而且將會幫助我們解決這些問題。還記得我對指導靈的詮釋嗎？指導靈只包括來自更高界域的存有，祂們以無條件的愛與我們連結，希望在我們的靈性道路上鼓勵我們。

你如何知道某位祖先是否正在擔任宇宙幫手呢？花時間與對方建立關係，就像你與神明和物質世界裡的某人建立關係那樣。你不會隨便歡迎任何人進入你的房子，然後說什麼就做什麼，對吧？你慢慢來，觀察對方的行為。如果對方善意對待你，在相當長的一段時間內為你提供有價值的建言，那就好好交往吧。如果對方咄咄逼人、愛虐待人，務必避開。至關重要的是，不要只因為對方是死去的親戚，就言聽計從。重要的是要領悟到，有些祖先靈擁有高度開發的知識，有些則沒有。唯有擁有高度開發的知識的祖先，才能成為我們的指導靈。

即使我們的祖先在塵世間是很討喜的人（這也是千真萬確的），在他們去世之後，還是會很討喜，可能也獲得了一些新的洞見，有機會成長和進化。但是死亡不見得會將任何人轉化成有智慧、有愛心、無所不知的存有。因此，一輩子從來沒有讀過書的哈利叔叔無法幫你寫論文。但是如果他懂得與孩子相處的訣竅，如果你兒子在學校很難交朋友，那麼他就是請求支援的適當人選。

◎指導靈的特徵

除了對人生的視角比活著的人類更高之外，祖先指導靈還共享其他三項特徵。現在讓我們來好好檢視一下。

一、強烈的家族連繫感

祖先指導靈知道，家族等同於人類的靈魂莢（soul pod）。靈魂莢是一群群的靈魂，它們一起穿越時空，好比一群狼或一群大象。它們有共同的目的，例如，為人世間帶來更多的歡笑，或是充當守護者。因此他們可以化身成，例如一個藝人家族，或是一個為他們的社區提供幾代執法人員的家族。靈魂莢成員享有緊密的連繫。你的某些靈魂莢成員，可能是你實際的家庭成員，其他靈魂莢成員可能是你的圈內人士，因為強大的心與心連結以及瞬間的熟悉感。他們是你的靈魂伴侶（soulmate，不同於浪漫的雙生火焰關係）。

還記得電影《星際寶貝》（*Lilo and Stitch*）的這句著名臺詞嗎？「歐哈納（Ohana）的意思是家族。家族的意思是，沒有人會被留下來或遺忘。」這就是你的靈魂家族對你的感覺。靈魂家族可以包含不僅我們血緣上的家族成員，還包括在靈魂層面像家人一樣的人們。

祖先指導靈體認到，保持所有家族成員健康、快樂、有連結是很重要的，這樣他們才能夠幫助彼此成長、進化，活出自己的人生目的。

二、渴望維持血脈或靈性世系

想像你是某個正在執行關鍵任務的團隊的一員，例如，為某個地區帶來和平、治癒不治之症，或是引進新的技術。你領悟到需要好幾代才能達到你的目標，因此你找到並訓練志同道合的人們繼續你的工作。你有強烈的渴望，要引導這些繼任者，提供他們訣竅、工具和資源，一路上幫助他們。你想要維持那個世系，你的祖先指導靈也是如此。祂們始終在旁努力幫忙發掘你的靈魂，和家族世系中可用的技能、才華和天賦。

有時候，這些承繼的賜福是顯而易見的。如果你的祖母和母親熱衷於與孩子們互動，而你也是如此，那麼顯然，你的靈魂莢的更大目的，是要形塑未來世代的頭腦和內心。然而，確認共同的脈絡有時候是次元比較大的。我自己人生的一個實例是，我父親（技術上來說是我的養父，但對我而言，他就是我的父親）從事太空技術的工作，而我研究了十五年的占星術。這些是兩種不同的方法，但兩者都探索同樣的主題。

三、巨大的智慧

想像一下你的所有祖先積累的一切人生經驗。他們已經看見了一切，完成了一切，包括好的、壞的，以及介於兩者之間的每一件事。每一個新的世代，都可以經由自己的潛意識和DNA取用這類知識。但是因為當代在靈性層面與我們的世系斷離，因此我們沒有動用這類信息來改善自己。

真正的祖先指導靈將這個龐大的知識庫轉變成智慧，藉此贏得自己的地位。祂們承諾於以靈魂的身分不斷成長，承諾於將自己的人類經驗和業力，轉化成為這個靈魂荚、整體人類以及所有生物的智慧。透過這些，你也可以享有這樣的智慧，得到可以用於個人生命的巨大直覺洞見，包括找到和活出自己的人生目的。

◎來自祖先的天賦

你的祖先指導靈，帶來祂們希望與你分享的天賦。每一支世系的天賦都是不同的且獨特的。它們可以包括物質身體的能力（例如能夠跑得快）、智力的能耐（例如理解大量信息），以及情緒方面的才能（例如同理心）。且讓我們檢視一下所有祖先指導靈帶來的幾個常見的天賦：

一、取用我們世系的智慧

稍早，我們談過這個事實：我們的祖先指導靈，擁有大量我們可以用來改善自己人生的智慧。這份天賦不僅意在讓我們變得更好，而且意在與他人分享，讓他人也可以享受到。透過這個在受助者眼中算是付出和體驗人生的行為，我們為自己的靈魂莢增添豐富的知識。

我人生中的一則實例是，我喜歡分享我的原住民祖先的智慧，他們感知到一切生命都是有情的，無論是人類、動物、植物、岩石，乃至天氣。這帶來與各行各業人們的精彩討論，反而使我能夠體驗到對方如何看待世界，讓我每次都學到新的東西。當我們分享祖先的天賦時，它使我們能夠將新的教訓和洞見，整合到祖先的智慧庫之中。

二、家族療癒

沒有完美的家族，有些人有功能失調、上癮、虐人或缺席的家族成員。這些問題影響的不只是一位靈魂莢成員，事實上，這些幾乎總是相傳了好幾個世代。即使是這樣，家族療癒可能聽起來不像是什麼天賦。如果我們的父母、兄弟姊妹或最好的朋友，表現出不健康的行為，那不是我們的錯，那麼為什麼我們需要被施予療癒呢？原因是，我們與我們的靈魂伴侶共享能量庫，結果我們因罪疚、羞愧和憤怒的感覺，而飽受煎熬。我們的靈魂中攜帶著跟他們一樣的種子，包括善的種子與惡的種子。

若要解決核心問題，我們必須求助於我們的祖先指導靈。祂們可以為我們指出，問題是在過去的何時與何地開始的，以及該如何解決。即使我們無法為他人解決問題，但是有了指導靈的幫助，我們可以解決內在根本的種子課題，然後被治癒的能量流到我們的靈魂莢成員，包括過去、現在、將來等所有時間線，幫忙療癒相關的每一個人。

三、強烈的靈性根源

西方社會現在迫切需要一份來自祖先指導靈的天賦，那就是：重新發現我們的靈性根源。許多人求助於其他文化，以求滿足我們對靈性知識的深切渴望，甚至渴望到與歐洲殖民者犯下同樣錯誤的地步，也就是：完全沒有回饋的拿取我們想要的每一樣東西，那可能為受到影響的文化帶來災難性的後果。我們甚至沒有停下來納悶一下，這樣的渴望從何而來。如果我們進一步檢視，就會體認到，我們的社會已經切斷了它的靈性根源。

基督教教會了我們寶貴的功課，但是因為譴責和迫害遵循舊方法的任何人，基督教也毀滅了與尊重地球的祖先們的夥伴關係。這導致巨大的知識流失，使我們現在要到國外尋找流失的知識。與我們的祖先指導靈恢復連結可以結束這點，同時恢復與我們最初的靈性世系的關係，藉此帶來療癒。如此治癒與地球母親以及祂的所有居民的連結，實現達致一種真實靈性的渴望。

◎祖先帶來的挑戰

除了我們從祖先指導靈那裡得到的天賦以外，還有挑戰要面臨和克服。這些不是來自我們的祖先指導靈本身，而是來自我們與祂們共享的世系，包括還有某些療癒待完成的祖先們。我們的職責是解決這些問題，為我們的靈魂莢的所有成員，清除通向成長和智慧增長的道路。

一、屈服於被「選中」的迷思

古代被「選中的人」、「真正的選民」或「合法的統治者」等故事，使人們想當然耳的以為，我們的靈魂世系勝過其他人。大部分的文化、傳統和民族都體認到那些故事的變形，且以此作為歧視、侵犯、奴役他人的藉口。當我們試圖說服、操縱或強迫某人，按照我們的家族或社群的價值觀和信念生活時，這個挑戰就會出現。這甚至可能發生在很小的方面，例如，因為他人的餐桌禮儀、口音或膚色而評斷他人。

為了避免這個陷阱以及處理這個挑戰，我們的祖先指導靈鼓勵我們，向外接觸平常圈子以外的人們。下次有機會參加由你過去曾經評斷過的某人所主辦的活動時，要接受那個探索的機會。看看你可以從對方身上學到什麼。你們不必成為最好的朋友，但是要看看，你是否可以從你的經歷中找到至少一項正向的收穫。

二、過度聚焦在過去

如果我們聚焦在過去，嚴重到忘了現在和將來也需要我們的關注，那麼與祖先指導靈互動的另一個挑戰就可能會出現。在過去的美好時光中，我們的祖先與神性、身旁的世界以及彼此之間，是比較緊密連結的，那可以成為我們渴望重建的理想世界。我們忽略了這個過去時代的榮耀版本，並不包括古人必須忍受的努力奮鬥和艱難情況。

我們的祖先指導靈，將會幫助我們繞過這項挑戰，重新聚焦在自己的人生目的，以及我們的靈魂莢的目標。記住為什麼我們今生化身為人且根據這點採取行動，那將會使我們扎根接地於當下。由於我們的祖先指導靈的目標是延續世系，因此祂們一定會提醒我們，為接下來的世代創建更美好的未來，是最為重要的，這也帶領我們遠離過去。

三、傳統主義

此外，傳統主義（traditionalism）美化過去的日子，可能促成當前的困難。珍視尊重過去、支持現在、幫助形塑未來的傳統並沒有錯。不過，傳統主義可能成為奠基於恐懼的機制，抗拒必要的改變和發展。你可以在河裡用手清洗所有的衣服，因為你的祖先就是那樣洗衣服的，而且那可能是有趣的嘗試，但是那麼做勢必使你無法從事其他的優先事項。與孩子一起玩耍、跟上工作進度、實踐基本自我照護的時間，可能都會被犧牲掉。

我們的祖先指導靈，並不期待我們重新創造——當時祂們在地球上建立的傳統和日常儀式。祂們反而召喚我們聚焦在祂們學到的核心課程，將這些修改成適合我們自己的生活方式。

你與祖先指導靈的連結，表達了關於你的什麼信息？

熟悉了祖先指導靈之後，現在該是把重點放在自己身上的時候了。根據測驗，當你前三高分的指導靈有一個是祖先指導靈的時候，它表達了關於「你」的什麼信息呢？你的連結告訴你，關於你自己的什麼信息呢？經常與祖先指導靈合作的人們共享三項特質：

一、你是戀家的人

與祖先指導靈的親密關係，可以顯示你重視家族。是的，你可能正在處理家中的某個困境，發現家庭成員占用你的時間、擋你的路，或試圖害你一蹶不振。然而，這些問題顯示，你確實是戀家的人。當其他家庭成員不那麼擔心家中情況的時候，你為什麼會那麼擔心？那可能是你的靈魂正在召喚你，要幫忙將這些課題清理乾淨，好讓你的整個家族和靈魂莢都可以好好享受彼此的關係。

基本上，你重視家族以及家族代表的一切。你想要成為快樂的、健康的、繁榮的家庭單位的一員。如果那不是你現在生活的實相，那並不意謂著保持家族團結、治癒家族業障、傳遞家族智慧，不是你的一部分人生目的。事實上，它顯示出那就是你的一部分人生目的。誰關心這些事務，誰就是治癒有問題的家族情境的完美靈魂。

二、你熱衷於歷史和記錄保存

與祖先靈密切合作意謂著，你對過去有著濃厚的興趣。它可能是非常具體的，例如，著迷於家族族譜、前世、埃及學（Egyptology）或編織的歷史。它也可以顯化成為普遍尊重任何古老且歷史上有重大意義的事物。無論是哪一種，你都熱衷於歷史和記錄保存，因為在內心深處，你知道研究過去幫助你創造更美好的未來。

你的祖先指導靈，將會使你有能力直接連結到在你之前走這條路的那些人的智慧。不過，要理解到，現在主事的人是你。你的指導靈在那裡為你提供建言，但你是在歷史的這個時間點化成肉身的那一位。由你做出最終的決定，決定今生你想要去哪裡，然後帶頭前行。

三、你享有與土地的強大連結

就跟連結到自然靈的人們一樣，如果你有祖先作為主要指導靈，表示你與地球母親之間的關係很好。自然靈教導我們，我們全都是某一眾生社群的一部分，共享同樣的星球；

祖先指導靈則提醒我們，大家都是不折不扣的走在前輩們的軀幹上，而且正是前輩祖先幫忙形塑這個星球。因此，你將會發現，地球使你扎根接地，使你感到有所連結和安全。

你對地球母親的愛可以涵蓋整個地球，也可以聚焦在某個明顯的地方，但是你與你的祖先指導靈愈親近，你對地球的尊重會愈強烈。你將會扮演土地的照顧者和保護者的角色，不會希望只是為了少數人的短期利益，而看見這片土地被摧毀或剝削。你可能甚至感應到「雷伊線」（ley lines，譯註：指地球各歷史建築與重要地標畫出的對齊直線，有人相信這是地球的能量線）、能量漩渦、珍貴資源的位置，以及類似的「力量之地」（place of power）。只要聽從你的直覺或使用探測棒，看看會通到哪裡。

跨文化的祖先溝通

幾乎所有文化都已經發展出與祖先連繫的方式，只有少數人認為，我們的最後一口氣是絕對的終點，其餘人都相信在另一個地方有「死後生命」，無論是天主教的天堂或地獄、北歐神話的瓦爾哈拉殿堂（Valhalla），或哥倫比亞境內安貝拉族底下的水世界。佛教、錫克教，唯靈論（Spiritism，不要與招魂說〔Spiritualism〕混為一談）、神智學

（Theosophy），以及許多其他的靈性傳統也都支持輪迴。

喪葬的儀式和典禮，幫助我們與死者告別。葬儀的存在也是為了推動旅程，幫助死者去到祖先們的土地，如同在古埃及所見到的。除此以外，葬儀確定，進入靈界的死者記得仍在世上的人們的善行。作為回報，我們希望在需要的時候獲得它們的幫忙。在撒哈拉以南的許多非洲社會，都可以看到這種現象。

我們可以靠自己接觸祖先靈，也可以透過職業或培訓而成為專家的專業人員幫忙。如果你生活在西方世界，你可能會知道這些專家是靈媒，但是請體認到，每一個文化和靈性傳統都有自己的術語和習俗。在日本的某些地區，他們稱這樣的人是「巫女」（itako），在辛巴威的紹納人（Shona）間，他們稱之為「馬斯維基若」（masvikiro），而紐西蘭境內的毛利人則稱之為「馬塔凱特」（matakite）。

用來與祖先指導靈連結的技術也不一樣。祈禱、齋戒、獻祭、舞蹈、靜心冥想、占卜工具、致幻植物都很常見，但目標是同樣的：達到出神狀態。出神的範圍由淺到深，持續時間從幾分鐘到幾小時不等。在這種變異狀態（altered state）期間，靈之工作者要麼等待祖先靈前來說話，要麼前進到死後世界，找到想要說話的靈。

即使是在世界各地當代的、西化的、大都會的人口中心，每天也都有人諮詢專業的靈媒，時常是透過「招魂說」，那是一種奠基於假設人類可以與死者溝通的基督宗教。他們的週日禮拜，包括說明某位靈媒轉達已逝親人的訊息給會眾。招魂說教會，也為想要學習通靈技能的人們提供課程。

舉例來說，在英國的斯坦斯特德（Stansted），英國招魂家協會（Spiritualists' National Union）在世界著名的亞瑟・芬德利學院（Arthur Findlay College）舉辦靈媒工作坊。你可以在這裡學習與摯愛溝通，或是發展成為他人解讀的專業靈媒。不過，我最喜愛的通靈培訓中心卻是愛丁堡的亞瑟柯南道爾爵士中心，我持續在那裡增強我的通靈技能。也有獨立的通靈教師，例如戈登・史密斯（Gordon Smith）、東尼・史托克威爾（Tony Stockwell）、詹姆斯・范・普拉。他們全都接受過招魂說傳統的培訓，但此後形成了個人的方法。

還有許多其他的祖先專家。丹尼爾・福爾（Daniel Foor）博士是實用泛靈論（animism）的老師兼實踐者，專精於祖先和家族療癒。他探索了幾種靈性傳統，包括新異教、蒙古薩滿教（Mongolian Shamanism）、伊斯蘭蘇非派（Islamic Sufism）、大乘佛教、西非伊法教。他的祖先療癒系統，聚焦在識別和連結他所謂「健全的祖先」，這些是進化程度已足以成為祖先指導靈的祖先們。

還有馬利多馬．索梅（Malidoma Somé），他是作家兼老師，出生在布吉納法索（Burkina Faso）的達加拉（Dagara）社區，二十年來，他分享了祖先們的智慧。他透過儀式和社區建構等強大工具，帶來希望、療癒、和解的訊息。

由你決定創建獨特的溝通風格，藉此與你的指導靈對話。仔細深思你在本章學到了什麼，哪些部分在直覺層面與你起共鳴呢？哪些部分對你沒有多大的意義？你想要嘗試或了解更多什麼樣的信息？如果你願意，可以將筆記寫在工作簿（見附錄）裡，準備好迎接什麼時候開始創建你自己的儀式，與和你互動的特定祖先好好連結。

接收到召喚

縱觀整個歷史，以及世界各地曾有祖先作為指導靈的靈之工作者，都曾經以下述方式接收到與祖先共事的召喚：

- 迷戀崇敬祖先的某一靈性傳統。
- 某位看不見的臨在感覺像是熟悉的某人。
- 某次祖先連結，連結到崇敬祖先。

- 與祖先相關的同步性屢屢發生。
- 以這類指導靈為特色的夢境。

祖先指導靈一覽表

➤**特徵：**強烈的家族連繫感、渴望維持血脈或靈性世系、巨大的智慧。

➤**天能：**取用我們世系的智慧、家族療癒、強烈的靈性根源。

➤**挑戰：**屈服於被「選中」的迷思、過度聚焦在過去、傳統主義。

➤**擁有這種指導靈表達了關於你的什麼信息：**你是戀家的人、你熱衷於歷史和記錄保存、你享有與土地的強大連結。

接下來，我們將好好檢視揚升大師——祂們的特徵、天能、挑戰、有揚升大師作為指導靈，表達了關於你的什麼信息，以及人類在整個歷史和跨文化之間如何與祂們合作。

第6章

揚升大師

「出神通靈」（trance mediumship）可以有許多種形式。最有名的是「出神說話」（trance speaking），那是靈媒讓指導靈控制他的聲音，透過他說話。你可以將這種經驗比作——別人開車，而你被趕到自己汽車的後座。你知道正在發生的事，但是對那事沒有任何的影響力。我只體會過兩次這樣的經驗。第二次，我與一位居住在揚升大師界域的靈魂連結。

在完成我常做的指導靈靜心之後，我聆聽了由著名的英國靈媒東尼．史托克威爾創造的「引導式靜心」。他的聲音帶領我愈來愈深入自己內在，它使我想起了之前經歷的手術，在麻醉過後，昏迷的感覺很像潛入一片空無的黑海深處。只是這一次，我保持有意識，同時沉浸在柔和、平靜的空間裡。

過了一會兒，音頻指示我清除周圍的能量空間，看看是否有哪一位「靈」願意透過我溝通。這是我第一次嘗試出神通靈，所以並沒有預期會得到任何結果，但萬萬沒有想到，我立即在心靈之眼接收到一幅圖像：一名大約十四歲的少女呈蓮花坐姿。她的頭剃光，身穿深紅色的佛教袈裟，臉上笑容燦爛。

她以心靈感應的方式告訴我，她曾經住在尼泊爾，具有心靈能力。她的父母親不知道該怎麼對待她，甚至是有點怕她，所以他們把她帶到一間專門收養這類孩子的佛寺。她一生中大部分時間都在那裡度過，直到英年早逝。她和她的老師一起執行任務，老師是年長的比丘，帶著她去幫忙和學習，當時他們正在越過一座山脈，而岩石崩塌，結束了他們的生命。她簡短介紹，轉達了關於她自己的所有這些背景信息。然後我感覺到被迫張嘴，讓她透過我講話。

我仔細聆聽我自己的聲音解釋，她是一群靈魂的一員，這些靈魂都英年早逝，因此相當了解身為年輕人的感覺是什麼樣子。現在，在一群揚升大師的帶領下，他們正在準備要服務帶著高階靈性能力出生的下一代人類。這些孩子勢必需要技能熟練的指導靈，可以幫助他們完成任務。她談到，讓我們的年輕人知道有心靈、薩滿、通靈經驗是正常且可行的，這點很重要，而且這些年輕人也需要學習運用這些技能服務他人。

因為我不再是青少年了，所以很納悶為什麼她會來找我，以及我該如何幫忙。她笑著對我說，她的未來指導靈小組，目前正在練習接觸化身為人的靈之工作者。這樣的經驗在日後與他們要服務的孩子們溝通時可以幫得上忙。當她開始她的練習時段時，我只是剛好有空且調頻進入。事實上，對我們雙方來說，這次都是首度嘗試出神通靈。她似乎很高興這次通靈進行得那麼順利。我們相視而笑，然後像十幾歲的少女一樣突然間咯咯的笑個不停。當東尼的聲音將我喚回到我的身體裡的時候，我們運用心靈上的舉手擊掌和燦爛微笑道別。

揚升大師到底是什麼？

揚升大師是已經得到了抵達開悟所需要的智慧和大師級熟練度的人類，而且已經揚升了。這意謂著，祂們已經與自己的高我合併，擺脫了業力，不再需要化成肉身，祂們改而居住在第六次元或更高的次元，從那裡協助我們。

「揚升大師」這個詞，最早是由貝爾德．斯伯丁（Baird T. Spalding）於一九二四年在他的系列著作《遠東大師的生平與教誨》（*The Life and Teachings of the Masters of the Far East*）當中提出的。不過我相信，這些進化的靈魂，從人類歷史開始就已經存在了，而且在每一種文化中，人們都已經藉由各種的名字認識了祂們。

在揚升大師的生生世世中，這些靈魂成為自己的靈性傳統的大師，或走了一條個人的路，鋪好了讓其他人可以遵循的道路。有比較有名的揚升大師，也有無數鮮為人知乃至默默無聞的揚升大師。釋迦牟尼佛是知名揚升大師的絕佳實例，至今仍有數百萬人奉行祂的教導。基督和穆罕默德，分別是基督教和伊斯蘭教的創立者，祂們也是對當今世界各地的生命有著巨大影響的揚升大師。抹大拉的馬利亞（Mary Magdalene）是女性揚升大師的實例。祂絕對不是妓女，教會在一九六九年正式承認了這點。其他的女性揚升大師有摯愛的佛教觀音菩薩，以及曾經活在亞特蘭提斯、統合家族和雙生火焰的納達夫人（Lady Nada）。

許多揚升大師早已被歷史遺忘，但是無數的聖徒、神父祭司、上師、比丘尼、修女、其他靈性導師，曾經走過開悟之路，而且仍舊從帷幕後方為人類服務。許多揚升大師將會永遠保持佚名，因為祂們不曾身居要職，沒有任何的社會地位。有些人終生在山洞裡打坐，而其他人單純的奉獻生命，想盡辦法、盡其所能的減輕人們的苦難。每一位揚升大師現在共享的是，祂們不會再回到地球化成肉身。祂們已經向前邁進，超越了第五維度，因此成為我們的出色指導靈和領路者。

關於揚升大師，要記住的重要事實是，每一位揚升大師同時與許多個人互動，因此沒有人可以宣稱自己是由某位特定的揚升大師唯一指導的人。揚升大師主要關心的是整體人類，以及如何幫助我們將我們的振動提升到開悟的地步。祂們每一位都負責一項需要被達成的特定任務，例如，帶來和平、釋放業力、培養慈悲等等。

揚升大師帶領一群全都共享那份使命且人格互補的人們。你可以將像這樣的團體想成靈性的特遣部隊或工作人員。因此，如果你遇見某人有同樣的揚升大師作為指導靈，你們之間應該沒有競爭。把這當作你現在走在正確道路上的信號，因為你遇見了來自你的靈魂團隊的某人。好好分享你們的經驗，好好交流一下吧。

◎指導靈的特徵

儘管每一位揚升大師都是一個個體，因此有自己的性格特質且教授自己的特定功課，但是有某些特徵使揚升大師們被分為同一群。理解這些將會在日後幫助你，識別你個人的揚升大師指導靈以及與之連結。

一、地球生命的豐富知識

你可以因為揚升大師周圍的尊貴能量，而體認到祂們。遇見揚升大師，使你接觸到——祂們歷經活在地球母親和其他星球上的無數人生，所得到的巨大智慧。除了祖先靈，揚升大師指導靈最接近我們，因為祂們知道活出化身靈魂的生命是什麼樣子。關於地球上的生命，祂們有豐富的知識，因為祂們經歷過那些高潮和低潮，以及那些變化無常。揚升大師們曾經化身為男人、女人、跨性別者、非二元的人們，以及介於兩者之間的任何東西。祂們曾經生活在許多國家、文化和時代，研究過許多種靈性傳統，而且了解到，在核心，靈性傳統全都奠基於相同的靈性法則。祂們走過許多道路，獲得了豐富的知識和經驗，隨著時間的推移，這些已經轉變成為智慧。祂們已經發現該如何融合小我與高我，這就是揚升和開悟的重點，而且這個特徵使祂們成為偉大的指導靈。揚升大師與祖先指導靈之間的區別，在於揚升大師是高度進化的靈魂，而某些祖先仍然有許多要學習，只能協助我們到某種程度。

二、對人類的旅程心懷慈悲

這類指導靈最接近我們，因為祂們了解人生對我們來說是多麼的艱難。揚升大師已經能夠釋放所有業力，離開輪迴圈，但在地球上的生生世世期間，祂們曾經犯過每一個可能的錯誤。祂們知道生活在恐懼之中，以及體驗到嫉妒、貪婪、自私、盛怒和深深的絕望是什麼樣子。祂們曾經殘忍對待他人和自己，因此，可以感同身受我們在通往開悟之路上經歷的奮鬥掙扎，而且對人類的旅程懷著莫大的慈悲。祂們絕不會評斷我們，或是讓我們覺得自己做出的決定很糟糕。祂們反而鼓勵我們體認到，每一個人都會犯錯，寬恕自己和他人是前進之路，即使需要好幾輩子才能釋放我們的全部業力，找到自己穿越不同維度的道路，以達到揚升與開悟。

揚升大師知道這有多難，但祂們也知道，什麼使得這趟化身之旅變得比較輕易、比較喜悅，可以開開心心的經歷，使我們的道路變得更容易一些。與揚升大師合作的機會，因此是非常有裨益的，因為可以拯救我們免於犯下祂們曾經犯過的錯誤——只要我們願意聆聽。

三、連結人們與其高我的能力

開悟是人類的自我（我們的小我）與高我的融合，所有的揚升大師都已經抵達了這個狀態，因此祂們非常有能力引導我們朝著這個目標邁進。祂們教導我們，訣竅不在於對抗小我，而是要體認到，小我是我們的物質存在必不可少的部分。小我設法避開改變，藉此確保我們的安全，而且它會不計一切代價這麼做，即使那意謂著使用違反直覺的手段，例如，引導我們入迷成癮、緊緊抓住創傷不放，或是陷入抑鬱沮喪。是的，不受控制的小我，可以在我們的人生中製造真正的浩劫。

揚升大師將會幫助我們與小我合作，然後小我才可以體認到，它的職責不是要不計一切代價確保我們的安全，而是要與高我融合且協助高我。唯有這一切和諧的運作，我們才能活出充實滿意的人生，釋放業力，一次一步，朝揚升邁進。

◎來自揚升大師的天賦

有許多因為與揚升大師合作而出現的天賦，有許多關於聖徒、先知、其他聖潔的人們的故事，說他們擁有立即治癒、不靠固體食物生活、飄浮，或執行其他神蹟的能力。每一位揚升大師都有不同的天賦可以提供，且讓我們聚焦在最有用的前三項天賦，它們可以對我們的人生產生最持久且最正向的影響。

一、辨別能力

我想要與你分享的第一個天賦是：運用直覺辨別什麼值得你注意、什麼不值得你注意的能力。揚升大師已經透過許多次化身，學會了放下任何使人分心的事物，那些只是為小我服務以及製造更多負面的業力。因此祂們可以切穿我們可能深陷其中的幻相，例如，對自我的負面感知、完美主義的傾向，或害怕自己不討人喜歡。

我們具有相同的能力，可以辨別什麼是真正重要的以及什麼不是真正重要的。你的直覺難道沒有告訴你，該將能量集中在什麼地方以及不參加哪些活動嗎？你可能不會始終好好聆聽，但是那個小小的聲音每天設法引導你。你與你的揚升大師指導靈的連繫愈緊密，這份天賦就變得愈強大。它在你與你的指導靈之間建立起連結，使你能夠加速自己的靈性成長，超越你能夠靠自己達成的任何事物。

二、智慧

智慧是透過經驗獲得的知識，而且產生無偏見的評斷、慈悲、自知之明、不依戀執著等特質。揚升大師擁有上述一切特質，伴隨道德與慈善，而且揚升大師指導靈也可以幫助我們，在自己的心中找到智慧。

有時候，當我們經歷著艱難的生命情境，接觸到上述特質的負面表達，智慧便發展出來。你可能已經在自己的人生中，或是在你所疼愛和珍視的人們的生命中，體驗到不寬容、無知或成癮。這些折磨人的情境是痛苦的，但是當你知道該如何將它們轉變成智慧時，就可以是有成果的。回顧你的人生且回想起你迄今為止面臨過的挑戰，你可以確認，你已經從每一個人身上獲得了智慧的核心嗎？將所有這一切放入你的靈性工具箱，時常參照。這是你可以讓自己與揚升大師指導靈連成一氣，且與祂們建立親近關係的一種方式。

三、感恩

就曾經經歷過人類的經驗而言，揚升大師確實是最有智慧的。祂們在旅程上遇見的一切之中感知到美，領會到那是提升自己的振動的一種方法，因為祂們知道，感恩在揚升的道路上是不可或缺的。感恩的更高表達，是要對較不愉快的人生經驗及其帶來的教訓，表達感謝。好好記住這點，因為你的揚升大師指導靈已經選擇了與你合作，因為祂們意識到，你的靈魂希望用感恩作為通往開悟的途徑。

一旦你練習透過感恩的眼光觀看世界時，就會注意到你變得比較快樂、比較輕盈，事情開始按部就班。與你的揚升大師指導靈連結也變得愈來愈輕易，因為你現在在同樣的振動層級上操作。不僅如此，這份天賦還讓你可以穩步進展，釋放掉正牽絆著你、使你無法活出美好人生的業力。

◎揚升大師帶來的挑戰

由於生活在二元世界中，我們所做的每一件事都會產生正向和負面的結果。雖然我們可以享受指導靈為我們帶來的好處，但也需要知道該要避開的挑戰和陷阱。與揚升大師合作時，有三大挑戰需要迴避，因為它們可能會帶領我們走上錯誤的道路。

一、活出老靈魂的人生

你的指導靈之一是揚升大師，這個事實意謂著，你本身是老靈魂。你已經是老手，來過許多次了，這是為什麼你已經發展出我們之前談過的神奇天賦的原因。然而，這也帶來老靈魂的挑戰。你看見年輕靈魂聽從自己比較基本的本能，陷入各種麻煩之中，而且你希望讓他們自己犯錯，不干涉，但是這可能很難做到，尤其如果對方是忽略你的睿智建言的伴侶、家庭成員或朋友。

為了協助你解決這個問題，你的揚升大師指導靈，將會帶領你進入可以教導年輕靈魂的情境。祂們希望你與年輕人分享你的經驗，而不是告訴他們該怎麼做。如果你很幸運，人生中有一位明智的長者，可以作為你的榜樣。如果沒有那麼幸運，那就研究一下你所欽佩的前人的人生。好好注意這些人如何以身作則，讓他們的行為為他們說話，而不是指示其他人該怎麼做。

二、來自他人的忘恩負義和背叛

身為老靈魂，你面臨的另一個挑戰是，因你信任的人而失望。發生這樣的事是因為，你忘記年輕靈魂還是時常為了小我的許多陷阱而墜落。你的揚升大師指導靈，可以幫助你學習不要把這種事當作是衝著你而來，而是好好反省自己的旅程，體認到你對待他人不友善的地方，然後練習耐心和寬恕。你的指導靈在化身人類方面的豐富經驗，一定曾經讓祂們領悟到，他人的負面行為表達了關於他人的更多信息，而不是關於自己的信息。從這裡學習，準備好寬恕他人的忘恩負義和背叛。

解決方案是，直觀的調頻進入他人，評估你正在面對的是哪一種靈魂。當你五十五歲的時候，你不會像五歲那樣瘋狂的吃掉最後一塊巧克力，對吧？要將同樣的謙恭有禮提供給較年輕的靈魂。揚升大師們非常擅長看見靈魂的本性，而不是因為小我可能投射出來的幻相而墜落。祂們已經學會了讓視野超越一切的最大幻相，不再以為我們彼此是分離的，與「宇宙」是分離的。因此祂們可以讓你看見，如何刺破忘恩負義和背叛的幻相。

三、感到「厭倦人生」

因為與揚升大師指導靈合作，引起的第三個挑戰，是「厭倦人生」。你曾經感覺到自己肩上擔負著世界的重擔嗎？或是你飽受抑鬱之苦嗎？這些可能指出，你正在面對這個挑戰。身為老靈魂，你以前已經見過一切了。那可能很累人。然而是的，揹負某些責任正是老靈魂的一部分人生，但那並不意謂著，你需要把它當作苦難和悲慘來經歷。你的揚升大師指導靈將會幫助你，不時提振你的人生，讓你玩得開心。

此外，祂們將會引導你進入情境，讓生活強迫你放下不是你該要揹負的重擔。祂們將會啟發你讓他人承擔他們自己的責任。你的職責是要放輕鬆。這個挑戰的解決方案，在於與他人分享你的人生功課，讓對方可以學習，而你可以將某些責任分擔出去。

你與揚升大師的連結，表達了關於你的什麼信息？

你已經了解了什麼是揚升大師，而且熟悉了祂們的獨特特徵、天賦和挑戰。且讓我們好好檢視一下，當你的指導靈之一是揚升大師時，那表達了關於「你」的什麼信息。你的連結告訴你，關於你自己的什麼信息呢？

一、你是好老師

既然你與揚升大師指導靈合作，本身又是老靈魂，你就是好老師。你的智慧使他人能夠從你與他們分享的人生課業中學習。教導可以有許多種形式，你可以用最新的營銷策略，訓練神志清醒的公司，也可以撰寫關於如何用綠色圓點花樣編織黃色毛衣的書籍。無論是哪一種，你都擁有可以增強他人生命的知識。

如今，有各式各樣從前世代沒有的教學方法。現代技術使我們能夠與全球的人們連結並合作。因此，請利用你的創意實現你這個部分的人生目的。在社交媒體上分享你自己的試驗和磨難的解決方案，這個簡單的動作可以使別人的日子變得更輕易一些。你的揚升大師指導靈已經準備就緒，要協助你完成這事，要向你發送將會使你走在正確道路上的信號、象徵、同步性。

二、你有大量來自前世的知識

考古學家挖掘過去，為的是揭露遺失的知識。你可以挖掘諸多前世蒐集到且儲存在靈魂深處的遺失知識。這不像是你曾經去過的地方和曾經見過的人們等表意識記憶那樣，總是唾手可得，但你的高我什麼都沒忘，你的揚升大師指導靈也什麼都記得，尤其是當這些指導靈與人們合作了好幾輩子。

這類知識往往以直觀的感覺或洞見出現，適時在腦袋裡冒出來，解決你目前面臨的問題。有時候，它躲藏在非理性的恐懼後方，而那樣的恐懼是你必須在你的揚升之路上釋放掉的。重點並不在於能夠想起你的諸多前世的確切細節，反而比較是體認到，你有無意識的知識和智慧儲藏庫，必要時可以好好借助。與揚升大師合作意謂著，你只需要覺知到這點就可以好好利用它。

三、你有強烈的責任感

年輕靈魂可能會設法避開責任，但是你不能啊！你有時候看見他人似乎自在的導航著人生，希望你也能夠做到同樣的事。但是身為老靈魂，你有引導年輕靈魂的職責。我怎麼知道這點？你的揚升大師因為你的責任感而選擇與你合作。祂們離開了輪迴圈，為所有人類承擔義務。所有揚升大師現在都擔任其他人的宇宙領袖。你的指導靈選擇與你同在，為的是確保你擁有需要的一切支援，可以履行你的職責。

你與你的揚升大師指導靈的連結，表達了關於你的信息是，你已經準備就緒，要超越只是關心你自己以及你個人的夢想和抱負。你已準備就緒，要為更大的人生目的而努力，那包括所有人類和一切眾生的至善。

跨文化的揚升大師溝通

本章開始時，我們將揚升大師定義為，曾經在地球上以人類的身分生活過的靈魂，祂們抵達了開悟，因此離開了輪迴圈。這個定義包含耶穌和佛陀等知名的揚升大師，也包含抵達開悟的許多祖先。請記住，祂們可能曾經生活在──使用不同的名詞稱呼這些崇高靈魂的文化和靈性傳統。且讓我們檢視一下，看看與揚升大師溝通，如何為全球各地不同的人們效力。

如今，天主教會不再承認輪迴屬實，但它卻聲明，某些擁有「無罪靈魂」（sinless soul，標明：沒有負面業力）的個體可以揚升至天堂。有時候，這甚至以身體形相發生，與從有形體狀態到天國界域的慣常轉換是不一樣的過程。耶穌的母親馬利亞是一個著名的例子。天主教會稱祂的揚升為「升天」（Assumption），這事發生在八月十五日，標示了祂「世俗生命」的終結。並不清楚祂是否先死了，三天後復活，然後揚升進入天界，還是直接升天，沒有經歷死亡的過程。我們確實知道的是，在祂的揚升週年紀念日當天，全世界舉行節慶和遊行，在開放的公眾環境同時也在私下個人空間慶祝祂的一生，人們點燃蠟燭，向祂祈禱。

約魯巴人與他們在奈及利亞境內的一些鄰居，與「奧里沙」（Orisha）合作，西方人類學家通常認為「奧里沙」等同於神。不過，也有可能將至少一部分的「奧里沙」定義為揚升大師，因為祂們曾經是人類，因為祂們的非凡功績而揚升。現在，祂們指導人類（以及一切造物）如何在地球上生活和成功。與「奧里沙」的溝通發生在兩個層面。其一是奠基於社群的，包括節慶、典禮、儀式。

舞蹈和擊鼓，是用來誘使靈媒進入出神狀態，然後這個狀態讓「奧里沙」能夠進入靈媒的身體，透過靈媒表達自己。第二層面的溝通發生在家裡，包括祭壇、祈禱和祭品。

在現代的靈性社群中，有許多個人體認到與一或多位揚升大師的連結，且使用當前流行的方式與祂們連結。這些包括奠基於揚升大師的神諭卡，以及允許靈性求道者，可以讓他們的指導靈透過他們說話的通靈傳訊方法。你可以在社交媒體上，找到許多這些通靈傳訊的訊息。不過請注意，這些通靈傳訊的品質參差不齊。若要成為可靠的通靈傳訊者，你需要訓練和大量的練習，而不只是為期兩天的週末工作坊。

接收到召喚

縱觀整個歷史，以及世界各地曾有揚升大師作為指導靈的靈之工作者，都曾經以下述方式接收到與揚升大師共事的召喚：

- 迷戀崇敬揚升大師的某一靈性傳統。
- 偶然遇見某位看不見的臨在，祂年長而睿智，但是有人性。
- 某次祖先連結，連結到某位特定的揚升大師。
- 與揚升大師相關的同步性屢屢發生。
- 以這類指導靈為特色的夢境。

由你決定創建獨特的溝通風格，藉此與你的揚升大師指導靈對話。仔細深思你在本章學到了什麼，哪些部分在直覺層面與你起共鳴？哪些部分對你沒有多大的意義？你想要嘗試或了解更多什麼樣的信息？如果願意，可以將筆記寫在工作簿（見附錄）中，準備好迎接什麼時候開始創建你自己的儀式，與和你互動的特定揚升大師好好連結。

揚升大師一覽表

- **特徵：**地球生命的豐富知識、對人類的旅程心懷慈悲、連結人們與其高我的能力。
- **天能：**辨別能力、智慧、感恩。
- **挑戰：**活出老靈魂的人生、經歷來自他人的忘恩負義和背叛、感到「厭倦人生」。
- **擁有這種指導靈表達了關於你的什麼信息：**你是好老師、你有大量來自前世的知識、你有強烈的責任感。

接下來，我們將好好檢視自然靈——祂們的特徵、天能、挑戰、有自然靈作為指導靈，表達了關於你的什麼信息、以及人類在整個歷史和跨文化之間如何與祂們合作。

第7章

自然靈

在巴塞隆納，每天傍晚，人們聚集在圖羅德拉羅維拉（Turó de la Rovira）山的山頂欣賞落日。原因是這裡可以三百六十度欣賞巴塞隆納市、大海、周圍群山的美景。在西班牙內戰期間，這裡是保衛巴塞隆納市的戰略要地，後來變成貧民窟，這情況持續到一九九〇年。現在這裡有一座小型博物館，而且已經成為想要欣賞落日的遊客和當地人的熱門景點。

我每週至少爬一次這座山，為的是保持健康、逃離城裡的喧囂、花些時間被漫山遍野的樹木圍繞。一天傍晚，當我抵達時，山頂很忙碌，人們邊聊天邊嚼著帶來的食物，與家人和朋友一起享用著冰涼的啤酒，但我找到了一個地點，安頓下來。我沒有面對著巴塞隆納市，而是選擇欣賞蒙塞拉特山（Montserrat）的景色，蒙塞拉特是一座聖山，至少從中世紀以來便頗有名氣。著名的修道院在山頂，獻給「神聖處女」

（Holy Virgin，譯註：即「聖母」），內有著名的黑色聖母（Black Madonna）。

就在我眼前，山坡向下傾斜，各種植物、灌木和樹木覆蓋。一小叢像草一樣的棕色蘆葦引起了我的注意，突然間，它動了一下，即使當時並沒有微風，於是我意識到，儘管它看起來像是大自然正常的一部分，實際上卻是某隻像巨怪一樣的生物頭頂上的頭髮。就在那時候，那隻生物從土地裡跳了出來，開始兜著圈子跑。我知道我是唯一注意到它的人，因為沒有其他人給予它任何關注。此外，它並沒有呈現出完整的物質形相，而是有些半透明。即使我可以用眼睛看到它，但它似乎存在於我們的物質世界與夢幻世界之間的界域。它兜著圈子跑了好幾回，沒有注意到我，也不關心其他任何人，然後消失得無影無蹤。這令我相當驚訝，因為沒有預期到在如此繁忙的地方居然看得見自然靈。

同一個夏天在巴塞隆納，我在公共公園散步，但是這一次，我打算與自然靈連結。我爬到樹上靜心，讓自己處於正確的心智狀態。然後我開始掃描那棵樹的樹皮。幾分鐘後，一張小圓臉出現了，睜開雙眼，盯著我看，然後又消失了。我不覺莞爾，因為我的實驗成功了。我再次創造了幾年前有過的經驗，當時在柏林的公寓，我看見一張類似的臉，從我的盆栽植物的一片葉子上冒出來。

這些經驗和類似的經驗讓我領悟到，看見自然靈的訣竅是雙重的。首先，你需要了解，每一株植物、每一棵樹木、每一塊石頭本身就是活著的生命，而且有一個可以顯化在我們的三維世界中的「靈」。其次，放鬆眼睛且讓視線變得模糊很重要。然後看著那株植物、那叢灌木或那棵樹木，彷彿你正設法看出雲朵的形狀。這讓自然靈能夠突破我們對自然環境的先入之見，出現在我們眼前。

自然靈到底是什麼？

「自然靈」（nature spirit）是自然界的「靈」，它們跟我們生活在同一個空間裡，但在不同的頻率上。它們負責為我們的環境提供形狀，將純淨的能量轉變成物質形態。每一種文化和靈性傳統，都有自己的自然靈名稱，而且區分成不同的類型。大部分承認與元素連結的那些自然靈，例如水靈、風靈、地靈、火靈。也有「靈」居住在某些山脈、樹木、河川，或是對當地人口很重要或很醒目的其他天然地形。當然，所有文化都體認到地球母親本身也是有情的存有。這意謂著，月亮、太陽、行星、恆星的「靈」也是自然靈，可以與我們溝通。

我個人的理解是，大自然的每一個顯化，無論是一朵玫瑰、一片雲或一棵蘑菇，都有自己的「靈」，就像每一個人類有一個靈魂連結到一具塵世的身體。這意謂著，每一片草葉和每一滴雨水，都有一個我們的五感可以感知到是自然靈的意識。這些個別的靈可以共同合作，以個別的意識形成更大的存在體，我們的個別細胞，也以類似的方式組成我們的身體。所以，我們可以與個別的岩石或一整座山溝通，從每一樣東西中學到不同的功課。

是的，自然靈可以教導我們，但並不是每一個自然靈都友善對待人類。這應該不足為奇。你可以想像，居住在已遭人類剝削和濫用的地方的自然靈，絕不會將我們視為它們的朋友，甚至可能對我們懷有敵意，試圖將我們趕走。因此重要的是，要區別想要擔任我們的指導靈的自然靈，與不願意擔任我們的指導靈的自然靈之間有何差異。確實願意擔任我們的指導靈的自然靈，徵求我們的幫忙，協助恢復人類與大自然之間的平衡，同時療癒環境。因此，如果你想要吸引自然靈，請在當地公園蹓狗的同時，順手撿拾一些垃圾。你甚至可以徵求鄰居的幫助，使這事成為社區活動。仔細深思你對大自然的影響，你將會在這類指導靈之間結識新的朋友。

自然靈善於顯化的事實意謂著，祂們可以幫助我們顯化我們想要創造的東西，只要這東西是為一切的至善服務。所以，祂們可能不會幫忙你得到一輛法拉利，但是會很樂意幫助你買到一輛比較環保的汽車。你也可以要求這筆錢支持一家保護亞馬遜的非營利組織，或是開辦一家創造永續時尚的企業。無論你的夢想和目標是什麼，都要請求自然靈的支持，祂們將會教導你運用顯化的法則達成。不過，祂們必會要求某些回報，因此請好好想想，你該如何支持祂們，以此作為交換。

此外，自然靈的療癒能力，將祂們與其他類型的指導靈區分開來。當我為本身是療癒師的個案做指導靈解讀時，往往陪伴他們的是自然靈。自然靈的訊息，圍繞著植物和草藥的療癒屬性。祂們還鼓勵我的個案在不殺死或吃掉植物的情況下，學習與植物交換能量。只是與植物或藥草坐在一起，並尋求植物或藥草的幫助，就可以產生驚人的效果。這需要一種全新的思考方式，但是自然靈在這裡可以幫助我們經歷這個改變。

◎指導靈的特徵

這些指導靈之所以特殊，是因為祂們生活的次元與我們的次元非常接近。因此，祂們能夠以一種其他類型的指導靈無法辦到的方式，與我們和睦相處。此外，與大多數其他類型的指導靈（動物靈除外）相較，祂們離地球母親更近，這對祂們的特徵有很大的影響。

一、童心未泯的創造力

我想要討論的第一個自然靈特徵，是祂們童心未泯的創造力，這個特徵出現在當祂們認為你可以開懷大笑時。有一次，我心情不是很好，我臥室的牆壁亮了起來，彷彿打開了投影機屏幕。一群小精靈出現在上面，翩然起舞，對我扮鬼臉。除了笑，我什麼也不能做。

自然靈熱愛生活，享受美好時光。祂們提醒我們，我們不是在這裡受苦的，祂們反而希望我們敞開來迎接地球的美麗與神奇，好好品嚐生命提供給我們的一切。

祂們的童心未泯，也帶來無限的創造力、想像力、獨創性。大自然本身以許許多多美麗的方式反映這點，我們周圍有各種各樣的植物、鮮花、樹木。這一切的多樣性從何而來？它是喜愛玩樂且善於發明的自然靈的作品。

二、顯化的技能

你應該了解的第二個特徵，是自然靈的驚人才能，可以將點子或夢想轉化成為物質實相。祂們擁有這些非凡的顯化技能，因為正是祂們將形狀給予構成地球母親的森林、海洋、山脈、植物和樹木，而且祂們很樂意幫助我們開發我們的顯化技能。我們可能不會唸咒召喚，憑空迸出夢寐以求的房子或新車，然而，如果我們投入需要的時間和精力，就可以為自己和他人創造快樂幸福、充實滿意、有所回報的人生，那超出我們能夠想像的任何東西。

自然靈與某些人類、公司、政府呈鮮明對比，祂們與地球母親合作，為相關的一切眾生創造最佳的解決方案。這帶來較佳的結果，比起違反地球的自然法則以及一切的至善，也算是讓我們可以更加輕易的顯化夢想人生的方法。自然靈最為優先的事項之一是，分享祂們的智慧和非凡的顯化技能，在我們美麗星球上的一切眾生之間帶來平衡與合作。

三、療癒物質世界的能力

因為自然靈創造了我們在地球上看到的許多東西，所以祂們也可以修復和療癒任何破損或失準的東西，包括我們的自然環境和我們的物質身體。這些靈確切的知道我們應該服用哪些草藥、使用哪些水晶、舉行哪些儀式才能恢復平衡。祂們喜愛與草藥師、水晶治療師、動物溝通師，以及志在運用植物、草藥和其他自然方法療癒他人的人們合作。祂們喜愛任何一種自然療法，想要鼓勵我們，將這些療法新增至我們自己的健康養生法之中。如果你好好聆聽祂們，祂們將會鼓勵你保持良好的狀態，鼓勵你以自然方法療癒你可能面對的任何課題。

此外，祂們處在拯救我們的星球，免於地球目前面臨的毀滅的最前沿，而且正在尋找可以協助祂們的人類。如果自然靈指導靈正在與你合作，原因之一是，你有潛能推動這個事業。

◎來自自然靈的天賦

自然靈指導靈帶來能以不只一種方法為我們服務的天賦，祂們可以幫助我們發現自己的輕鬆愉快，為我們帶來更多的喜悅和自在。另一項天賦是，祂們有能力帶領我們更親近我們的動物同伴，使我們敞開來接受所有動物都是我們的兄弟姊妹的事實。祂們還賦予我們實用的魔法，可以應用在日常生活中，達成我們為自己設定的目標。

一、輕鬆愉快

自然靈可以為我們帶來的第一項天賦，是比較愉快的人生觀。你是否比較聚焦在你恐懼、避開、擔心的事物上，而不是在眼前的可能性、機會、賜福呢？假使情況如此，你絕對可以因自然靈帶來的輕鬆愉快而獲益。

祂們的樂觀看法的核心，在於信賴人生、宇宙和自我。如果我們天生的信心在童年期間及童年以後曾經因創傷而遭到嚴重的打擊，那麼這對我們來說可能是困難的。我們需要體認到，宇宙不會對我們不利或懲罰我們。一旦理解到這點，我們就可以釋放操控一切的需求，不再讓人生變得比原本的樣子艱難。自然靈可以幫助我們療癒，回復到比較平衡而振奮的生活方式。然後我們的心將會覺得比較輕盈，可以充分享受化身的體驗。

二、與動物的強力連繫

自然靈生活的地方，緊緊挨著漫遊在這顆星球上的動物，祂們是地球母親的真正照護者。祂們塑造我們的行星表面，賦予地球形狀。然而，祂們這麼做不只是為了自己的利益，而且始終將動物（包括我們在內）的需求納入考量。儘管不是所有人類都可以偵測到祂們的臨在，但動物可以偵測到。你是否見過你的寵物盯著某叢灌木或某棵樹上方，而你搞不懂究竟是為什麼？牠們可能感應到某位自然靈在場。

這種指導靈使我們敞開來接受這個事實：人類不是宇宙的中心，只是眾多生命形式當中的一員。我們沒有特權，也不比狗、牛或蛞蝓重要。如此洞見是使我們能夠與其他動物建立強力連繫的天賦，而且因此為地球上的一切眾生建立更美好的世界。

三、天生的魔法才能

如果有自然靈作為宇宙的指導靈，我們可以揭開的第三項天賦是魔法。是的，你沒聽錯，魔法是真實的。儘管我們無法超越物理定律，但無論我們的出發點是什麼，我們都可以將內心渴望的幾乎每一件事物化為現實。訣竅在於精心規劃和執行。是的，我們必須投入時間和精力，但那並不減損魔法的神奇，我們確實可以改變現實，為自己和他人創造更美好的人生。

只要我們是為一切的至善而努力，自然靈便很樂意與我們分享祂們天生的魔法才能。

然後我們可以共享創造更包容、平等、協作的未來的責任和喜悅。我們唯一需要做的是，敞開來接受自己獨一無二的天賦、技能、才華，因為這些是我們的神奇能力的關鍵。

◎來自自然靈的挑戰

除了已經討論過的特徵和天賦外，自然靈的到來也伴隨著一系列挑戰。這點不應該阻止你與祂們合作。事實上，了解這些陷阱使你能夠避開它們，更進一步享受你與自然靈的關係。

一、欠缺紀律

第一個挑戰來自於自然靈喜歡自得其樂的事實。祂們愛玩，喜愛花時間放輕鬆，規劃好玩的派對。對祂們來說，這麼做效果超讚，但是如果我們依樣畫葫蘆且失去自己的紀律感，就一定會在未來的路上飽嚐負面的後果。身為人類，我們需要每天有所行動，才能顯化我們的夢想。

幸運的是，我們的自然靈指導靈可以幫助我們完成那個目標。祂們不希望我們將全部時間花費在無須動腦的娛樂上。如前所述，祂們擅長顯化，可以教導我們為自己顯化，而且我們可以開心的完成這件事。沒有人說顯化需要是陰沉的事。別忘了，在我們的次元中，與生命的物質實相合作是很重要的。開辦自己的企業或搬到另一個國家等事項，需要紀律，但是你的自然靈指導靈將會渴望為你的努力增添好些魔法。

二、人生失去方向

有許多關於自然靈的故事，說它們引誘人類進入樹林或空山幽谷，參加自然靈的某場著名派對，有音樂、舞蹈以及改變心智的飲料。一旦活動結束，那人回到家，發現不只是過了幾個小時，而是幾年，甚至是幾十年。

我從來沒有遇見真正發生過這種事的人，但我可以證明這個事實：自然靈會在比較不著痕跡的層面，使某些人迷失方向。這不是因為祂們是邪惡的，發生這樣的事，是因為祂們生活在與我們類似但並不相同的次元中。如果我們在祂們的世界裡耗費太多時間，且在我們自己的世界裡扎根不足，就可能會在情緒層面迷失了。擔任我們的指導靈的自然靈，知道這個危險，因此總是邀請我們保持扎根接地，藉此防止這種危險。此外，祂們鼓勵我們臨在自己的生命中，而不是讓自己的靈魂逃進不屬於我們的世界中。

三、對環境被破壞感到憤怒

自然靈是地球母親的真正守護者，難怪當祂們親眼目睹，我們將自己的星球當作商品以及可剝削的資源時，就會相當不高興。如果你與這種指導靈共事，很可能你也有類似的擔心，當你看見其他人不尊重大自然母親時，也會很不高興。

儘管有時候這可能是挑戰，但也是明確的信號，顯示你的一部分人生目的，是要提升對環境被破壞的覺知，甚至是採取行動，要求尊重我們的星球。你不必將自己拴在樹上，阻止他人砍伐那棵樹（除非你真的想要那麼做）；有無數方法可以幫忙解決我們當前的環境問題。無論是教育你的孩子關於這個課題、提醒你的朋友們負責任的丟棄垃圾，或是捐款給公益事業，你的指導靈都鼓勵你在可以施力的地方創造不同。

你與自然靈的連結，表達了關於你的什麼信息？

既然喜愛與自然靈合作的人們有某些共通點，那就讓我們談談這些人的部分人格特質。你可能會或不會體認到自己內在的這些屬性和特質。然而，假使你回顧自己的人生，就會發現你一直擁有它們。現在是時候了，該要開始與它們合作了。

一、你天生感應得到力量之地和雷伊線

你和你的自然靈指導靈都熱愛地球母親，當地球母親的微妙電流，形成力量之地和雷伊線的時候，你們也都可以感應到。力量之地就像是我們的脈輪（幾處電流匯聚的能量中心），調節地球的某些功能。雷伊線就像我們的經絡系統，那是一套我們的生命能量（中醫稱之為「氣」）流動穿越的通道網。雷伊線遍布全球，允許能量從一處力量之地流到下一處力量之地。雷伊線與力量之地共同形成地球的能量網格。

你可能不知道你可以感應到這些能量點和能量線。就像許多靈性能力一樣，它對你來說可能感覺起來非常正常，因此你不了解並不是每一個人都以跟你一樣的方式體驗人生。

但是若要與這套能量網格合作，你首先需要意識到它。在大自然或公園散步，注意不同地方的能量。感覺起來如何呢？請求你的指導靈幫忙，你將很快能夠運用你對力量之地和雷伊線的感應，來服務你的人生目的。

二、你因為地球的環境而成為優秀的和平戰士

自然靈擔任地球母親的守護者，它們不會寬恕我們人類加諸在地球以及其上非人類居民的暴力和苦難。對你來說也是如此。造訪垃圾遍布的海灘使你難過，知道亞馬遜雨林日漸縮小令你義憤填膺。而且確實如此。用你肚子裡的那股怒火與你的指導靈協作，採取行動，在這個世界造就不同。在街坊鄰里發起活動，將街道或當地公園打掃乾淨，在社交媒體上提升覺知，或是捐款給環保事業。無論你做什麼，就是要起而行。成為大自然的照護者，至少是你在地球上的部分人生目的，否則你不會與自然靈互動。

你的靈性人生觀以及你的自然靈指導靈，將會幫助你找到和平的方法，創造正向的改變，要麼透過一次重大的努力，要麼透過碎步慢行。無論你的道路需要哪一種形式，要知道每一個微小的努力都有所幫助，而且你的指導靈會非常感激。

三、你是天生的療癒師

你對地球母親的能量很敏感，這使你成為優秀的療癒師。你和與天使合作的人們共享這個特性。然而，雖然療癒師在情緒層面做工，但你卻使用植物、草藥、水晶療癒。如果你曾經不得不與健康課題戰鬥，那麼你的指導靈將會帶領你探索另類方法，例如草藥學、水晶治療、順勢療法、神聖的植物藥品等等。古老的薩滿療癒技術令你著迷，而且理由充分。這些仰賴地球母親提供的療癒工具，召喚我們療癒自己和他人。

別擔心，如果你不想要，也不必搬到亞馬遜或成為專業的水晶療癒師。不妨針對自己做實驗，看看能否治癒自己的疼痛。然後利用你所學到的知識，在家人和朋友需要的時候幫助他們。如果你想要進步到下一個層級，可以看看個案。不過不管你的患者是你自己或其他人，始終要確保你的患者要與他們的醫生協商你所做的努力。

與世界各地的自然靈溝通

全球各地，多少世紀以來，自然靈已因許多名稱而廣為人知，從非洲的達荷美

（Dahomey）王國，友善且專門為獵人提供獵物的阿齊扎（Aziza），到讓眾神們愛上祂們的美麗希臘女神寧芙（nymph），再到善變且常在樹林間跳舞的英國仙女。在許多文化中，祭品是與它們溝通的方式之一。從蒙古的布里亞特人（Buryat），到哥倫比亞的安貝拉人，再到南非的閃族（San）人民，人們相信，在戶外留些送給自然靈的小禮物，表示你正在認真的尋求與自然靈連結。挑選適合的祭品也證實，你正在將你的某樣東西帶到供桌上。自然靈重視互惠，因為互惠是我們的物質次元的基礎定律之一。祭品可能會根據地點和傳統而有所不同，傳統的禮物，包括牛奶、蜂蜜、堅果、硬幣、水晶、祈禱、跳舞乃至一首歌（請記住，自然靈享受創意的表達）。在我們這個年代，尊重自然靈的一種優秀方法是，將你的時間和精力投入在保持地球清潔。外出散步時撿些垃圾，算是超讚的祭品。

與自然靈連結的另一個方法是，與祂們共同創造你的後院、門廊或陽台。芬德霍恩基金會（Findhorn Foundation）是彼德．凱迪（Peter Caddy）與艾琳．凱迪（Eileen Caddy）夫婦以及桃樂絲．麥克琳（Dorothy Maclean），於一九六〇年代在蘇格蘭創立的社區。他們在當地自然靈的幫助下開始種植蔬菜，他們稱這些自然靈為「提婆」（Deva，印地語中的「神性存有」）。結果植物長得比大部分的植物更快、更大，尤其是在該地區的沙質土壤中。感到震驚的園藝專家前來參觀。很快地，芬德霍恩發展成為繁榮的社區，居民探索著與大自然和諧相處的生活方式。

與自然靈合作的傳統靈之工作者，與當代的西方求道者，往往在戶外的大自然中與自然靈連結。首先，他們出外尋找自然靈的居住地（通常是不尋常的植被或岩層）。然後他們進入輕度的出神狀態，將他們的心智轉換進入這些存有居住的次元。最後，他們請求需要的幫助。這可能是求取信息，包括在某個療癒典禮中，該用哪一種植物或草藥才正確、建造某棟房屋的最佳地點，或是如何才能找到供桌上的食物。

有時候在自然靈與家族世系之間有一份歷史的連結，如同塞內加爾的勒佈（Lébou）人與他們的圖爾（Tuur）靈。這種連結是幾個世代以來，定期獻上祭品和祭壇給自然靈才建立起來的。我們自己可能也有這樣的連結，不過並未覺察到。我有幾個個案的自然靈指導靈告訴我們，祂們以前曾經與個案的祖先世系合作過。

接收到召喚

縱觀整個歷史以及世界各地曾有自然靈作為指導靈的靈之工作者，都曾經以下述方式接收到與自然靈共事的召喚：

- 深愛大自然中某個獨特的場所或深愛整個地球。
- 在戶外時，尤其是在特定的某些地方，感覺到某位臨在。
- 小精靈、仙女以及其他元素精靈的夢境。
- 某次祖先連結，連結到一或多位特定的自然靈。

由你決定創建獨特的溝通風格，藉此與你的自然靈指導靈對話。溫習一下你在本章學到了什麼，哪些部分在直覺層面與你起共鳴？哪些部分對你沒有多大的意義？你想要嘗試或了解更多什麼樣的信息？如果願意，可以將筆記寫在工作簿（見附錄）中，準備好迎接什麼時候開始創建你自己的儀式，與和你互動的特定自然靈好好連結。

自然靈一覽表

特徵：童心未泯的創造力、顯化的技能、療癒物質世界（包括我們的身體和環境）的能力。

天能：輕鬆愉快、與動物的強力連繫、天生的魔法才能。

挑戰：欠缺紀律、人生失去方向、對環境被破壞感到憤怒。

擁有這種指導靈表達了關於你的什麼信息：你天生感應得到力量之地和雷伊線、你因為地球環境而成為優秀的和平戰士、你是天生的療癒師。

接下來，我們將好好檢視動物指導靈——祂們的特徵、天能、挑戰、有動物作為指導靈表達了關於你的什麼信息，以及人類在整個歷史和跨文化之間如何與祂們合作。

第8章

動物指導靈

一如往常，我在做指導靈解讀之前先靜心三十分鐘，然後準備就緒。我的蠟燭點燃了，我打開筆記型電腦會見個案，為她帶來她的指導靈可能會提供給她的任何訊息。當個案上線時，房間裡的能量飆升，我意識到這勢必是一次特殊的療程。前十五分鐘，我告訴她關於前來與她談話的指導靈們，療程照常進行。然後，我的療癒指導靈「熊爺爺」突然出現，要求我吟唱祂用來傳遞能量的特定旋律，藉此療癒我的個案。我告訴個案這件事，而她同意採用這份突然改變的計畫繼續療程。

吟唱了幾秒鐘後，我聽見了詭異的咔嗒聲和砰砰作響的噪音。我一直閉著眼睛，一如既往，為了方便聚焦而這麼做，同時繼續這次療癒，但是噪音卻愈來愈大聲，愈來愈清晰，然後突然間，我的個案用低沉的喉音說話，人類的喉頭不可能發出那樣的聲音啊！

驚訝的我睜開眼睛，了解到我的個案陷入了出神狀態，接通了另一位存有。這樣的事以前從來沒有發生過，我花了一秒鐘時間才讓自己鎮定下來。熊爺爺建議我繼續療程，於是我照辦。然後那位存在體透過我的個案說了幾句話，那在我聽來像是某種我聽不懂的古老語言。

現在，兩年後，對於那次解讀期間透露的信息，我仍然找不到令人滿意的解釋。但是那無關緊要。重要的是，動物靈熊爺爺為我的個案提供了個案事後對我表達感謝的療癒，而且那對我來說是一次難忘的經驗。它啟發了我要更加了解出神狀態，以及跨文化的靈之工作者如何利用出神狀態，從靈界擷取信息，我懷疑那才是我的重點。

第一次見到熊爺爺是我在德國大學求學期間。我正經歷著艱難，因為覺得我的學習似乎並沒有幫助我創造自己渴望的未來。我努力定義今生我想要什麼，感應到內心深處有一份呼召，但不理解那是什麼意思。我設法抗拒它，儘管它不會放過我。它邀請我盡可能閱讀與靈性、其他世界的邂逅、新薩滿信仰相關的一切。

同時，我有許多的異象和夢境，讓我看見某位靈的存在體想要進入我的生命。在這些異象中，我不斷看見兩位不同的存有，一頭熊和一位年長的美洲原住民男子，從他的特別服飾判斷，他是北美大平原的療癒師。然而，我還是非常缺乏與靈溝通的經驗，於是反問自己，我是不是在想像杜撰，還是我已經發瘋了。

一天早晨，我從一場為我帶來某些清明的夢境中醒來。在夢裡，我看見了那隻熊變形成為那位美洲原住民男子，然後又變回那隻熊。這時我領悟到，祂們是同一位指導靈，以兩種不同的形相向我展現自己。隨著時間的流逝，我也逐漸體認到，我有過的熊爺爺異象總是連結到療癒的主題。祂一直向我展現祂自己是原住民療癒師，是因為我讀了許許多多關於新薩滿信仰的文章。祂運用了我的參照架構，傳達祂是我的療癒師指導靈的訊息。

動物指導靈到底是什麼？

定義動物指導靈（animal guide）是一項艱難的任務，因為世界各地許多民族都有類似的概念，但使用不同的名詞和定義。在南美洲的某些文化，例如哥倫比亞境內的安貝拉族，把這些指導靈視為某支特定動物物種的母親、父親、領主或大師。例如，「魚之母」和「美洲豹大師」。「阿尼什納貝」（Anishinaabe），是美國和加拿大西北方太平洋地區幾個在文化上相關連的原住民民族，他們有「圖騰動物」（totem animal），這些是某個動物物種的「靈」，與某個家族、氏族或世系等一群人相關連。在某些新異教的傳統中，我們發現「魔寵」一詞，這個詞源自於中世紀的歐洲民間傳說，描述協助女巫施展魔法的動物指導靈。你也可能會遇見「力量動物」（power animal），這是邁可．哈納與珊卓．英格曼（Sandra Ingerman）等現代老師教授的新薩滿傳統所使用的術語。此外，我們找到了「靈之動物」（spirit animal）一詞。在網際網路上經常濫用這個詞，定義我們欣賞且被其啟發的人、動物或事物。為了避開文化盜用的陷阱，我不採用任何上述名稱。建議你也不採用，除非你是那個特定文化或靈性傳統的成員。

取而代之的是，我們需要一個專有名詞來描述——不屬於特定文化或靈性傳統的認真靈性求道者，與這種指導靈之間的關係，我選擇稱之為「動物指導靈」。我把這個詞理解成一個指導靈的通用名詞，這些指導靈以動物形相出現，代表某一特定動物物種的集體靈。祂們擔任守護者、良師益友、老師、同伴，我們不應該將祂們與往生的個別動物的靈混為一談。敏感度與足智多謀等共有的特徵，使我們與祂們連結，此外還有個人經常與祂們的塵世間對應動物互動的經驗，或是彼此共有的才華、技能和天賦。圖騰動物、力量動物、魔寵、靈之動物，以及其他特定的文化定義，可能都落在這個範疇。不過，我會將這個名稱的意義，留給在文化和傳統中使用那些名詞為自己定義那個範疇的人們。感覺我們的人生得到這類指導靈引導且有真實體驗到祂們的其他人，則可以使用「動物指導靈」一詞。

我想要提及的一種獨特的動物指導靈是獸人（therianthrope），獸人是變形師，可以從人類轉變成動物，也可以從動物轉變成人類，或是兩種形相同時存在。這個名詞來自於希臘文的therion，意思是「野獸」，以及anthropos，意思是「人類」。這類生物的洞穴壁畫可以追溯到舊石器時代，存在於幾乎各洲大陸上，表示人類與祂們已經合作了很長一段時間。如今，最有名的獸人類型是狼人、半人馬、美人魚。其他常見的組合，是一半的人類加上另一半的熊、貓科動物、鹿、鳥或狗。我們有時候將祂們歸類為神，而不是動物指導靈，例如阿努比斯（Anubis），祂是埃及的神，有人類的身體和犬科動物的腦袋。這點再次顯示，對動物指導靈進行分類可能是棘手的。並不是所有的獸人都友善對待人類，因此大部分的獸人都不會以指導靈的身分與我們合作。確實成為強大指導靈的獸人，是因為祂們非常古老且與人類以及人類的進化有關。

如你所見，動物指導靈的歷史悠久。祂們以許多的形狀、形相和大小出現，但是具有不同的特徵、天賦和挑戰。現在且讓我們好好討論這些，以及人們如何與跨越文化和歷史的動物指導靈連結。

◎指導靈的特徵

有許多種動物在我們美麗的星球上漫遊，也就有同樣多種的動物指導靈在靈界。祂們以各種形狀和大小出現，具有不同的性格和屬性。獅子的凶猛與螞蟻的勤奮相去甚遠。儘管如此，所有動物指導靈還是有些共同的特徵。現在讓我們好好檢視一下。

一、與地球母親的強力連結

既然動物是地球的子女，動物指導靈與這個星球便有著強力的連結。祂們是從地球母親的靈的子宮誕生出來的，正如同祂們活著的對應動物，是從地球母親的物質身體誕生出來的。當個案的靈魂需要更多的扎根接地，才能在地球的物質界充分表達自己時，動物指導靈往往會透過我的指導靈解讀出現。如果我們花太多時間在自己的腦袋裡，祂們便幫助我們腳踏實地。如果創傷事件使我們陷入恐懼和逃避現實，祂們也使我們在地平面上再次感覺到安全。祂們時常建議赤腳走在大地上，盡可能多花時間徜徉在大自然中，促進與地球的強力連結。有時候祂們希望我們連結到某個特定的地方，可以幫助我們療癒，並與我們的真實自我校正對齊。這幫助我們臨在當下，而不是重溫過去或擔心未來。

二、童心未泯的幽默感

所有指導靈，有時候都會利用幽默教導我們重要的功課，而動物指導靈顯然是最為歡鬧的。祂們非常愛玩，喜歡在嚴肅的訊息之後，提供一些搞笑的消遣。祂們鼓勵我們跟隨祂們的領導，笑口常開，享受生活，不時帶出我們的內在小孩。這並不意謂著祂們很愚蠢，或是我們不應該認真對待祂們；祂們只是用愉悅的有時候半開玩笑的幽默，來補充祂們的深邃洞見，幫助我們放輕鬆。就我的經驗來說，動物指導靈有時候甚至會以自己的年幼版本出現，因為我們容易對小貓、小狗或小海豚敞開心扉，也因此接受祂們的訊息。祂們還理解，玩得開心同時顯化我們的夢想和目標，是達到我們追求的結果的最佳方法之一，祂們不允許我們因過度思考而陷入困境。

三、容易感同身受與連結

因為動物指導靈透過祂們的物質對應動物，與地球母親緊密相連，因此祂們知道地球上的生命是什麼樣子。祂們不僅知道那些限制，而且知道伴隨化身的喜悅。這使得祂們很容易感同身受。我們之間的意識差距不大，好比與天使或星際存有的差距也不大。因此，與某些其他類型的指導靈相較，祂們的指導往往是比較實用且適用的。祂們關心我們的日常生活、養活我們自己和我們的家人、幫助我們發展人類自我，好讓我們可以成為最佳的自己。

因為動物指導靈非常接近我們人類的次元，因此很容易連結到。祂們的能量和特徵，與我們自己的能量和特徵相近，因此很容易覺察領悟。如果你很難與其他類型的指導靈溝通，不妨設法先與動物指導靈連結。是的，祖先指導靈離我們甚至更近。不過，共同的業力以及懸而未決且與祖先相連的情緒，可能使我們的小我難以分辨——我們想要（或恐懼）聽見的聲音與真實訊息之間的差異，與動物指導靈連結就沒有這樣的問題。

◎來自動物靈的天賦

身為物質存有，陪伴我們一生的動物指導靈，給予我們的賜福是豐富我們的經驗的絕佳契機。有了動物指導靈帶給我們的天賦，生命的磨難變得比較容易忍受。祂們提供我們技能，讓我們運用環境使自己與個人的內在本質連成一氣。祂們使我們在這個物質界域裡感覺到受歡迎和賓至如歸，而且將我們與自己身體的智慧連結在一起。

一、與我們的內在本質連成一氣

我們已經討論過動物指導靈與地球母親的強力連結，但是在這裡，我想要分享一份可以豐富你的人生的相關天賦。與動物指導靈合作，邀請我們讓自己沉浸在自然界裡，如此也能夠與自己的內在本質連成一氣。我們與大自然交流的時間愈多，我們的靈魂就愈有機會自然而然的表達自己。我們用來在高壓社會裡生存的人為表達方式，逐漸消失，騰出空間給只是「存在」（being）。

這並不意謂著你必須成為野營狂熱分子，只是意謂著好好觀察你周圍的自然環境，無論是在喧鬧的城市中，還是在國家公園的寧靜裡，都帶你回歸到自己。當你優柔寡斷、缺乏安全感或陷入困境時，這是非常好用的。只是觸摸一棵樹的樹皮幾分鐘，聚焦在樹幹上下流動的能量，可以幫助調節你自己的能量流，帶你回歸平衡。另一個例子是欣賞雲朵飄過，提醒你，壓力大的想法只是暫時的。

二、保護力

動物指導靈隨身攜帶的另一項天賦是保護。我們本能的知道這點，所以偏愛狼、熊或老虎之類強壯的指導靈。當我們發現陪伴我們一生的動物靈是比較小、不具侵略性、令人印象不深刻的動物時，有時候會感到失望。然而，就連動物指導靈的最微小代表，也可以教導我們關於如何保護自己的重要課程。

住在柏林的時候，有一個夏天，我常去的公園有成千上萬隻蛞蝓。到處都是牠們。即使大部分的人們覺得蛞蝓醜陋而臃腫，但我還是把牠們當朋友，因為我了解，牠們是多麼的勇敢，才能化身成為如此柔軟而敏感的身體，沒有方法逃離或保護自己，免於這個世界的嚴酷現實。我設法確保絕不踩踏到牠們，拯救了許多隻蛞蝓免於被汽車輾過。作為回報，蛞蝓的靈有一天對我說話，讓我知道我也是十分敏感的，以及我需要每天練習心靈防護，才能保護我的能量場，在日常生活中運行得更好，磨練我的敏感度，而不是因敏感而不知所措。我永遠感激這堂課，因為它改變了我的人生。現在，想像一下我從來沒有注意到蛞蝓動物指導靈，因為蛞蝓並不是我為自己設想的指導靈——保護可能以許多形式出現。每一位動物指導靈，都有祂自己為我們提供保護的方法。

三、經過強化的本能

本能是對某種刺激的自動反應，戰鬥或逃跑反應（**fight or flight response**）是其中一例。沒有人教過我們該怎麼做，我們也沒有經歷過決策過程，我們只是行動。開心的時候，我們微笑；在水底下，我們屏住呼吸。發現某人很有吸引力的時候，我們的荷爾蒙自動反應。這些本能以及許多其他的本能，是我們對生命的潛意識反應。如果沒有這些本能，我們勢必處在不斷分析到癱瘓的狀態。

動物指導靈可以賦予我們經過強化的本能。這並不意謂著，我們根據自動駕駛儀行動，由潛意識做出所有決定。它真正的意思是，依據我們合作的動物靈而定，我們在人生的特定領域反應更加快速、更為篤定。以下例子來自我自己的人生，當我為某位個案解讀的時候，熊爺爺出現了，那麼我不僅知道這位個案需要療癒，而且本能的知道我需要做什麼。我不必先權衡所有選項，我就是知道，而且根據那個知道行動。

◎動物靈帶來的挑戰

與指導靈合作，不全都是彩虹和獨角獸，而與動物指導靈合作也不例外。動物指導靈帶著一系列我們需要好好深思和處理的挑戰出現。以下是與動物指導靈合作，將會遇到的前三項最重要的課題。

一、先考慮周全再行動

動物指導靈帶來的經過強化的本能，可以是莫大的賜福。然而，如果我們一時衝動，只要撞見從心靈深處冒出來的任何東西，便立即採取行動，沒有考慮周全，那麼我們可能會陷入嚴重的困境，從意外事故到關係破裂。我們的潛意識可以是寶藏，但也內含許多原始的思想和情感。我們需要先處理這些，再將它們透過本能的行為投射到世界上。

為了避開這個陷阱，動物指導靈將會引導我們進入情境，那將協助我們放慢腳步，在行動之前先評估情境。所以，如果你處在你的本能反應威脅著要接管的情境中，請暫停一下。要了解這是一次契機，讓你可以重新為大腦接線，建立包括冷靜沉著、自我控制、深思熟慮在內的全新行為模式。

二、競爭力

經驗告訴我們，這個世界是競爭的地方。競爭無所不在，包括兄弟姊妹爭寵、體育競賽、工作場所、政治、國際關係等。觀察動物，我們也會在資源或交配伴侶稀缺的時候，見證到激烈的競爭。這沒有什麼錯。健康的競爭感使我們保持警覺，幫助我們設定更大的目標。然而，當協作因為我們的主要目標是勝過其他每一個人，而變得不可能的時候，競爭就不再為我們的最佳利益服務。

與動物指導靈合作，有時候可能會觸發這種行為。並不是因為指導靈希望我們變成那個樣子，而是因為我們過度認同自己的指導靈，忘記考慮自己以人類為本的智慧。唯有先諮詢和聆聽自己，然後再向靈界請求指引，我們才能成為自己的最佳版本。如果要我們的動物指導靈為自己的幸福快樂負責，我們必會失敗。祂們的獸性回應，不適合帶領我們通向幸福，祂們知道這點，因此不會回答我們可能對祂們提出的任何問題。就跟任何的好老師一樣，祂們鼓勵我們首先要為自己把事情搞清楚。

三、物質身體的敏感度

與動物指導靈合作時，我們可能遇見的第三個挑戰，可以歸結為這個事實：我們的身體是高度敏感的。它受到來自其他人、非物質的存有、地方的能量影響。這其實是很讚的天賦，因為它意謂著，我們的身體具備的功能類似於微調的樂器，幫助我們感知和詮釋所在的環境以及與他人的互動。也許你可以分辨某人是否心情不好，因為你可以在胃裡感覺到；或是你甚至可以在自己的身體內感應到他人的痠疼和痛楚。但是如果我們沒有覺知到這股動力，它就變成問題。因此，我們的指導靈希望我們留心自己的地球載具，要吃得健康、建立牢固的心靈邊界、把凡是無用的能量沖洗出去。過敏之類的健康課題，可能是我們正在與這個挑戰交涉的信號。

我們的物質身體的敏感度，反映出我們的動物靈的敏感度。動物指導靈是非物質的存有，但是祂們的世間對應動物，卻是非常調頻對準物質界和牠們的身體。我們的職責是同樣的，要注意我們的身體正在告訴我們的信息，然後採取相應的行動。

你與動物指導靈的連結，表達了關於你的什麼信息？

除了與動物指導靈一起出現的天賦和挑戰之外，擁有這種天界幫手，也可以告訴你關於你自己的人格的許多信息。以下是與動物指導靈合作的人們，共同擁有的三大特徵：

一、你保護家庭和社群

如果你有動物指導靈，你的摯愛在你身邊會感到安全，因為你保護他們，絕不會讓壞事發生在他們身上。對你直接的家庭成員、閨密圈、有時候是你的整個社群來說，這是千真萬確的。舉例來說，環保人士時常與動物指導靈合作，他們畢生致力於保護不只是自己的人類親屬，還包括保護那些非人類的親人，例如動物、植物、岩石。

即使你從來不會把自己歸類為戀家的人，但是在你眼中很重要的人們，都可以證實你的忠誠。當你了解有人虐待他們時，你不高興，升起要對此採取行動的衝動。你像是前來營救的大哥哥或大姊姊。至於你是像獅子一樣當著敵人的面怒吼，還是像小蚊子一樣惹惱對方，則取決於你的人格的其餘部分。但是不管是哪一種，你都會完成需要的任何事，以此確保他們的安全。

二、你是物質身體導向的

如果你的主要指導靈之一是動物靈，這也顯示，你是物質身體導向的人。這並不意謂著，你是頂級運動員或超級名模，而是意謂著，你的身體是你的夥伴，你想要與它合作，給予它特殊的關注。我們已經提過，我們物質身體的敏感度可以是挑戰（也可以是天賦），而我想要針對這點詳細說明，因為它是常被我們忽視但很重要的面向。

有動物指導靈陪伴，你的物質身體導向，讓你看見從三維環境蒐集信息、喜愛與塔羅牌和水晶等物質工具互動，以便取得靈性信息，以及具有強烈的「直覺」。你愛用珠寶和精美的衣服裝飾你的身體。你也很有創意，無論是擔任藝術家、室內設計師、園藝家還是業餘編織者。為了闡明你的中心思想，你的溝通風格包括觸碰和許多的擁抱。因為與指導靈溝通，你甚至可能已經體驗到某些物質的顯化，例如，房屋周圍莫名其妙的聲音、移動中的物體，或是你的指導靈之一以物質形相出現。

三、你與自然環境強力連結

與動物指導靈連結的人們，共同擁有的另一項特徵是，與自然環境強力連結。這意謂你需要與大自然連結，才能保持健康和平衡。光著雙腳踩踏在地上或水中使你平靜下來，讓你重新能量滿滿，帶你回歸到你的身體。夜裡一扇敞開的窗戶幫助你一夜好眠；對你的幸福來說，居住在讓你能夠與地球母親連結的地方是必不可少的。這種與大自然的強力連結，也可能是使你踏上靈性之路的最初衝動或體驗。

小時候，我喜愛在我家後面的樹林裡散步。我會讓自己的直覺引導我，最後往往置身在我覺得很特殊的地方。我無法用言語形容那種感官體驗，唯一知道的是，那感覺很神聖，就像進入教堂或寺廟。

跨文化的動物指導靈溝通

我們已經看見，動物指導靈在整個地球上是非常普遍的。不過，人們定義、描述和感知祂們的方式，有很大的差異。每一種文化或靈性傳統，都用不同的名稱來識別動物指導靈，也已經發展出與祂們連結的個別方法。

法國拉斯科（Lascaux）著名的舊石器時代洞窟壁畫，算是最早記錄人造動物圖像的地點之一，那些壁畫據說具有儀式性和靈性意義。這些洞窟壁畫類似於非洲南部閃族的一支「昆人」的靈性藝術，描繪了像大羚羊之類的動物指導靈。我們不知道拉斯科山谷裡的人們，如何與他們的動物指導靈連結，但是閃人的薩滿一次跳舞幾個小時，和著婦女們有節奏的拍手和歌唱，然後他們陷入出神狀態，那使他們經歷到出體經驗，旅遊到靈界。這時候，他們可以呈現大羚羊或長頸鹿之類特定動物指導靈的效能與力量，將之用於療癒。

如今，一些異教徒和信仰巫術的威卡派（Wicca）教徒，與他們所謂的「魔寵」合作。這些魔寵以僕人和信使的身分，協助他們施展魔法。魔寵靈的概念已有幾百年歷史，起源於大不列顛。魔寵據說擁有超自然的力量，那是「宗教裁判所」（Inquisition）將魔寵與惡魔聯想在一起，且將魔寵的擁有者當作女巫燒毀的原因，就連動物本身也時常被審判、定罪、謀殺。黑貓是魔寵的典型例子，但是狗、蟾蜍、渡鴉和其他生物，據說也扮演那個角色。讓魔寵與其他類型的動物指導靈區分開來的原因是，事實上，牠們是真實的化身動物，而大部分其他類型的動物指導靈，卻是非物質的存在體。魔寵可以要麼自發的出現在我們眼前，要麼是家族成員或老師的饋贈。有時候我們的主要指導靈可能將魔寵介紹給我們，不然就是我們可以在經歷疾病或創傷之類的艱難時期取得牠們。

另一種你可能會熟悉的動物指導靈，是新薩滿信仰的「力量動物」。邁可・哈納在他的著作《薩滿之路》（*The Way of the Shaman*）當中宣傳了這個概念。許多靈性求道者，已經學會了哈納取得力量動物且與力量動物溝通的技巧，那是一種由鼓聲伴隨（現場或錄音）的引導式靜心，經由地裡的孔、洞窟、空心的樹，或終點是隧道的類似入口，帶領靈性求道者來到陰曹地府。這將他們帶到靈界三個層級中最低階的層級，也就是力量動物居住的地方。在這裡，靜心的引導部分停止，而旅人不需要進一步的指引，便可以體驗到與力量動物相遇。鼓聲加快，顯示返回人類平凡世界的時間到了。

接收到召喚

縱觀整個歷史，以及世界各地曾有動物指導靈作為指導靈的靈之工作者，都曾經以下述方式，接收到與動物指導靈共事的召喚：

- 經常在現實生活中遇見某動物指導靈的物質代表。
- 迷戀與動物指導靈合作的某一靈性傳統。
- 某次祖先連結，連結到某位特定的動物指導靈。
- 與動物指導靈相關的同步性屢屢發生。
- 以這類指導靈為特色的夢境。

從蒐集到的這些例子可以看出，每一種文化和靈性傳統，都有它自己與動物指導靈連結和溝通的方式。由你決定創建獨特的溝通風格，藉此與你的動物指導靈對話。仔細深思你在本章學到了什麼，哪些部分在直覺層面與你起共鳴？哪些部分對你沒有多大的意義？你想要嘗試或了解更多什麼樣的信息？如果你願意，可以將筆記寫在工作簿（見附錄）裡，準備好迎接什麼時候開始創建你自己的儀式，與和你互動的特定動物指導靈好好連結。

動物指導靈一覽表

- **特徵：**與地球母親的強力連結、童心未泯的幽默感、容易感同身受與連結。
- **天能：**與我們的內在本質連成一氣、保護、經過強化的本能。
- **挑戰：**先考慮周全再採取行動、競爭力、物質身體的敏感度。
- **擁有這種指導靈表達了關於你的什麼信息：**你是戀家的人、你熱衷於歷史和記錄保存、你享有與土地的強大連結。

接下來，我們將好好檢視星際存有——祂們的特徵、天能、挑戰，有星際存有作為指導靈，表達了關於你的什麼信息，以及人類在整個歷史上和跨文化之間如何與祂們合作。

第9章

星際存有

午夜時分，在我位於柏林的臥室內，我抬起頭來，看見祂們——三位星際存有。看起來就像電影中的小灰灰，有大大的腦袋，大而烏黑的杏仁形眼睛，細長的胳膊和雙腿。兩位站在靠近門的地方；一位跪著，彷彿即將向某人求婚。我剛剛下床，朝走廊走去。我們目不轉睛的盯著對方，祂們似乎很驚訝我看得見祂們，因此僵了一秒鐘。祂們一從震驚中恢復過來，其中一位便飛快的來到我身邊，觸碰我的手腕。那不是威脅，但發生得非常快速，快到沒有機會害怕，我不記得接下來發生了什麼事。

翌日早晨醒來時，沒有祂們的任何跡象。當時的伴侶還在我身旁酣睡著，似乎沒有什麼不正常。儘管如此，我明白那段經驗不是夢，而是真正遇見外星人了，我對此毫不懷疑。

即使祂們再也沒有出現過，那些存有卻在那天夜裡教會了我一門重要的功課。翌日早晨完全清醒後，我有了一個莫大的洞見：我明白我的物質身體從來沒有離開過我的床，是我的星光體（astral body）起身漫遊「宇宙」，做出了令人錯愕的發現。這是驚人的消息，因為我一直沒有想過，不記得內容的星光旅行是有可能的。但是我們所做的星光旅行，實際次數卻多過我們了解到的。

這次邂逅，也讓我直接體驗到所謂的「銀索」（silver cord）如何運作。我知道這條乙太細繩連結星光體與物質身體，如果身體感覺到危險，就會將正在旅遊的星光體拉回到物質身體內。基於這個原因，我們絕不應該在某人出神乃至靜心時觸碰對方：身體一定會自動進入警報模式，將正在漫遊的「靈」帶回來，那可能是相當不愉快的震撼體驗。那位星際存有所做的正是這樣的事：祂觸碰我的手腕，因為祂知道，我的星光自我勢必撤退進入我的物質身體內，然後我會忘記那些星際存有蒞臨過。

小時候，我對外星人不感興趣。我總是認為，我們的星球不太可能是宇宙裡唯一帶來生命的地方，但是並沒有進一步研究，直到開始與對這個主題有興趣的某人約會，他介紹我認識了撒迦利亞．西琴（Zecharia Sitchin）的著作。我們也看了許多關於外星人的電影，而且我發現了一個會員遍及全球的社群，這些人認定自己是化身在人類身體內的星際存有。這打開了我的思維，接受了許多新的實相，也帶領我發現對星星的熱愛。有一次，我甚至親眼目睹了某個人類，在光天化日下變形成為星際存有。

在那段新發現期間，我同時開始建立我的第一樁線上業務。這絕非偶然，因為我現在知道，許多星際存有在這裡幫助人類開發新的技術，包括網際網路在內。我也堅信，許多善用網際網路的人們，都有星際存有作為指導靈。因此，若要連結星際存有，我們不需要等待祂們以物質形相造訪我們——我們始終可以經由心靈感應（我們的內在「技術」）與祂們連結。

星際存有到底是什麼？

在地球上，打從有時間開始，我們就研究了星星。我們給星星起名字，把它們比作眾神，將它們描繪在藝術品中，追蹤它們劃過天空的運動，以便了解它們如何影響我們的日常生活。當然，我們也想知道是否有其他的有情存有在那裡、其他生命形式在其他行星上、星際存有……

我們時常認為星際存有是外星人的同義詞，但他們並不相同。我不想稱呼他們為「外星人」（alien，又譯為「異形」），為的是避開驚悚的好萊塢電影中描繪的負面刻板印象。我不希望來找我做指導靈解讀的個案，因為我告訴他們有星際存有正在引導他們，而把他們嚇壞了。是的，有些星際存有並沒有成為偉大的指導靈，因為他們的目標並不包含我們的至善。然而，在我們的一生中，擔任指導靈的星際存有，始終是善意且值得信賴的。我希望我的個案知道，與星際存有合作是莫大的榮幸。祂們帶來許多天賦和獨特的洞見，超越目前這顆地球上現有的知識。

如果你與星際存有合作，你就是某種先驅，正在將新能量帶到地球上，同時如同我們所言正在創造未來。

並不是所有的星際存有，都像那天夜晚在我的柏林臥室內看到的典型小灰灰。跟有許多存有居住在地球上一樣，也有許多存有（無限多種）居住在宇宙中。有些具有物質身體，有些沒有。有些是類人動物，有些不是。許多選擇了不同於我們的發展道路，因此我們衡量物種成功與否的標準，並不適用於他們。而且，誠如在討論自然靈時提到的，恆星本身也有「靈」可以與我們連結。

星際存有是舉世聞名的。找對地方，你將會發現他們一個個冒出來，遍及整個歷史，在全球的每一個角落。你可以看見他們在十八世紀的繪畫中，例如艾爾特·德·格爾德（**Aert de Gelder**，譯註：荷蘭畫家，一六四五年至一七二七年）的〈基督受洗〉（**The Baptism of**

Christ），以及在無數的現代照片和視頻裡。關於外星人的存在，最驚人的證據是，事實上，每一個國家都有故事想像「來自星星的外星人」，他們教導、帶領、引導人類。故事說到祂們如何為我們留下——描繪從外向內看見我們太陽系的地圖。這解釋了為什麼西非國家馬利的多貢人，比西方科學家更早了解土星環。還有人說，星際存有為我們帶來文化，甚至創造了我們。如今，許多人認為，他們的到來是為了讓我們做好準備，可以彼此生活在和平之中，也教導我們，協同合作如何幫助我們進化。

總而言之，星際存有的廣義定義，是「不是地球母親原產的任何一種生命形式」。但是在這裡，我們將會動用一個比較狹窄的定義，這個定義只包含經歷過必要的靈魂發展、可以擔任指導靈的星際存有。

◎指導靈的特徵

就跟其他六種指導靈一樣，星際存有也不是全部相同。每一個個體都有自己的性格、技能，以及教導我們的功課。不過，祂們全都具有三項務必好好覺察的特徵：

一、宇宙的意識

我想要談論的第一個特徵是，星際存有擁有的浩瀚意識。旅行經歷豐富的某人曾經親眼見證到，所有人類在內在都有同樣的需求和夢想。星際存有擁有類似的宏觀視角，明白什麼可以團結整個宇宙中活著的存有。祂們明白，一切有情的生命形式，全都來自同一個源頭，共享同樣的火光。

祂們還理解到，一旦人類團結起來，實現作為一個物種的真正潛能，我們便可以接觸到不同星系和次元裡的其他物種。大部分人類還沒有準備好，但是如果你正與作為指導靈的星際存有合作，你就是扮演著實現這個目標的角色。你的指導靈將會擴展你的思維，鼓勵你好好培養浩瀚的、觀察的、經驗的心態，藉此幫助你完成這個目標。

二、能夠駕馭能量

星際存有的另一個重要特徵是，祂們懂得如何感應、操縱、駕馭宇宙的能量。我常在幫助個案轉換生命中，或物質身體內的能量失衡的療癒師周圍，感應到星際存有。然而，你不需要是療癒師就可以與星際存有互動。任何人可以從中學到的最大教訓之一是，即使是為了幫助他人，也絕不要過度使用自己儲備的能量。如果確實以這種方式耗竭自己的能量，我們將無法跟上即將展開的工作。最好將宇宙視為巨大的電池，讓它的能量流經我們。星際存有知道我們需要哪一種能量以及在哪裡找到那種能量。它可能在某個遙遠的星系中，或是在自家花園內的一顆小卵石中。無論它在哪裡，星際存有將會幫助我們連結到，以此強化我們的努力，無論那些努力涉及療癒自己或他人、為某場考試研讀、某場馬拉松競賽，或是在觀眾面前演說。

三、酷愛技術

最常擔任指導靈的星際存有，有一部分很希望為人類帶來新的技術。祂們知道，在科學、通訊、醫學等等方面的進步，幫助我們超越為生存而奮鬥，這目前仍是地球上多數人們關注的事。唯有當我們的頭腦免於找到食物和庇護的需求時，我們才能夠超越恐懼，擁抱和平與愛。這將會使我們能夠承認，我們全都是同一個，需要團結起來，才能變得更為強大。正如我們每一個人都有個別的人生目的一樣，人類也有一個整體的人生目的，而我們只能共同實現這個目標。

星際存有將會幫助我們達到這個目標，但是祂們帶來的技術並不總是我們期待的那種。它可能看起來像是一種新的縫紉樣式，而不是電腦的晶片。根據《韋氏詞典》的說法，技術是「知識的實際應用，尤其是在某個特定的領域」，而且無論採取何種形式，重點在於，它啟發你（以及其他人）與他人連結。

◎來自星際存有的天賦

「宇宙」浩瀚遼闊，居住著擁有許多不同特徵、技能、性格、天賦的眾多星際存有。不過，為人類擔任指導靈的星際存有，共同擁有三項明確的天賦：

一、能量療癒

你可能不是正式的療癒師，不像醫生、護士、治療師或靈氣大師那樣，但是有星際存有作為指導靈，你將會擁有能量療癒的天賦。這將允許你只是與某人坐在一起，沒做什麼特殊的事，對方便感覺到彷彿自己得到了能量的提升，或是某股看不見的力道讓他們的負擔減輕一些。單單是你的在場就等於是療癒。事實上，你愈是努力讓事情發生，為了幫助他人而投入瘋狂的行動，你獲得的成功就愈少。訣竅在於，要讓宇宙的力道利用你當作通道，如此療癒能量才能流經你。你唯一需要做的是，把你的小我移開，讓你的指導靈完成剩下的工作。你可以在療癒自己、其他人類、動物、湖泊、鄉村或電器時，應用這套策略。你的星際存有將會教導你如何做到這點。所以讓祂們牽著你的手，帶出沉睡在你靈魂裡面的這份特殊天賦。

二、健康的超脫人類的感情大戲

身為人類，我們是情感豐富的生物，可以深陷在自己創造的感情大戲之中，為的是麻木自己、隱藏自己的小祕密，或避免面對問題。我們有時候甚至沒有意識到自己陷得多深，而從不同的視角接近問題，是我們需要向前邁進的要素。星際存有從比較遙遠的地方，觀看地球上的生命及其挑戰，因此可以提供健康的超脫。要好好利用這項天賦，成為頭腦冷靜、熱情洋溢的觀察者。不投入，讓你的靈翱翔，從更高的視角觀賞這齣感情大戲，才能找到適用於所有相關人員的解決方案。

如果你開發這項天賦且好好應用，你的人生將會變得更加平衡、愉悅、多產。更重要的是，你的指導靈正在邀請你運用這項技能幫助他人。因此，不僅將它納入你的日常生活中，而且融入你的社群中，創造持久的正向改變。

三、真實性

許多與星際存有合作的人們，在他們的家人、朋友、社群之間是引人注目的。他們可能患有自閉症、可能是同性戀者或被收養的孩子、有非常明確的興趣、或是看起來與眾不同。有時候，這可能感覺起來像是詛咒，尤其是在青少年時期，我們並不喜歡與眾不同。你曾經注意過這點嗎？你是否曾經嘗試融入，結果卻發現行不通？無處可藏。不管怎樣，與眾不同可以是有價值的天賦，在你的靈性之路上支持你。為什麼這麼說呢？無論是什麼樣的與眾不同，它都強迫你成為你自己。事實上，很可能你同意在今生解決這個「問題」，為自己和他人將與眾不同轉化成為療癒的工具。

你的指導靈可以幫助你擁抱這份天賦，引導你進入教導你認識真實性的價值的情境中。要滿意你自己的本性，甚至是為自己的本性而自豪，這可以為他人樹立典範，使我們的社會變得更具包容性且更為多樣化。

◎星際存有帶來的挑戰

由於生活在二元世界中，我們所做的每一件事都會產生正向和負面的結果。雖然我們總是可以期待好好享受指導靈為我們帶來的好處，但也需要覺察到，指導靈也可能帶來挑戰，好讓我們可以避開陷阱。與星際存有合作，有三大風險我們需要提防，因為它們可能會帶領我們走上錯誤的道路：

一、領先你的時代

如果你是與星際存有合作的人，那麼你的頭腦時常漫遊到未來。你可能正在規劃明天該煮什麼晚餐，想知道從現在起一百年後，我們會擁有哪一種汽車，或是做著預知的夢。你總是向前看。當先驅者且為他人鋪設可以跟隨的道路，是你在地球上的一部分人生目的，而你的星際存有指導靈，喜愛將你置於可以進一步刺激這個目標的情境中。

你面臨的挑戰是，你的構想、價值觀、思維方式都領先你的時代。如果人們不準備放下過去，這可能會激起人們的反感。你可能會面臨嘲笑、崩潰、挫敗。不要認為那事是針對你個人，也不要評斷他人，反而要領悟到，這是你走對路的信號。訣竅在於，找到支持你的努力的人們和環境，讓你為我們其他人預見未來。

二、努力融入

我們已經討論過真實性了，是的，真實性是天賦。但真實性也可能是挑戰。這點我很了解，因為在我成長的德國小鎮中，我總是很突出。我看上去與眾不同，有個詭異的名字，被領養，擁有說話帶荷蘭口音的父母親，而且超級敏感，性格非常內向。你完全可以相信我很難融入。但是如今，我知道這個挑戰值得承擔。我學到了永遠做我自己，而我的個案酷愛這個事實：我與眾不同，而且真實的活出我的人生。

與人類合作的星際存有，對這樣的努力奮鬥也略知一二。祂們是宇宙的文化大使，設法基於全體的利益與我們建立關係。因此，祂們是跨文化溝通的專家，可以幫助我們克服這些類型的困難。請記住，與某一特定類型的指導靈合作，始終意謂著，我們擁有與祂們類似的能量模式，所以努力融入，是與星際存有指導靈合作組合的一部分。

三、找到志同道合的人

我想在這裡討論的第三個挑戰是，與別人不同，讓找到志同道合的人變得更加困難。還好，我們現在擁有的技術，使得找到與我們共享價值觀和興趣的人變得比較容易。星際存有指導靈，在這個發展中扮演了重要的角色。舉網際網路為例。著名的科學家兼發明家尼古拉．特斯拉（Nikola Tesla），在一九〇〇年代初就實驗了「世界無線系統」的構想，而且他還說，星際存有們主動接觸過他。網際網路最終是由想要與同事們分享想法的科學家們創建的。現在我們全都可以運用網際網路，找到全球志同道合的人們，聚在一起，互相學習，分享我們的智慧。這讓時間和空間變得無關緊要。

有星際存有引導著你，你的個人挑戰可能會是其他偉大發明的燃料，而那些發明將會以或大或小的方式形塑未來。

你與星際存有的連結，表達了關於你的什麼信息？

既然你已經了解了星際存有是什麼，熟悉了祂們獨特的特徵、天賦、挑戰，且讓我們後退一步，檢視一下，當你的指導靈之一是星際存有時，那表達了關於「你」的什麼信息。你的連結告訴你關於你自己的什麼信息？

一、你一直渴望回家

你曾經有過強烈想要「回家」的渴望嗎？即使舒舒服服的蜷縮在你家客廳的沙發上，你還是有這種渴望嗎？與星際存有合作時常喚起這種渴望，因為它意謂著，你曾經在其他行星上度過至少幾輩子的時間。你可能甚至曾經在宇宙的其他地方度過更多的時間，那使得地球上的事物顯得詭異、不熟悉，或徹頭徹尾的令人苦惱。你決定化身在地球母親上可能等同於你出國幾年。你享受這趟經歷，但時常想家。

無論你以前曾經在哪裡生活過，你到地球旅行的原因之一將是，創造並表達以前家中你最想念的東西。因此，你生命中欠缺的東西其實是在觸發你嗎？它是一種感覺、一個點子，還是某樣比較具體的東西？無論它是什麼，以某種方式、形狀或形式介紹其餘人類認識它，正是你的職責。一旦你找到那麼做的合適媒介，無論是藝術、商業或烹飪，你將會順利的走在你的道路上，活出你的人生目的。

二、地球上的生命對你來說是個謎

你只是地球的訪客，所以，在這裡正常且可以接受的事，在你看來似乎令人迷惑且荒謬不合理。你可能飽受社交焦慮的煎熬，不喜歡閒聊。人類身體的物質限制，可能令你感到挫敗。你可能對技術、科學或玄學感興趣且有才華，能夠操縱能量來療癒人們或地方。對於使用心靈感應和瞬間移動，你可能有著遙遠的記憶。為什麼現在那些便利沒有了呢？其他人可能會認為你很奇怪、詭異，或與眾不同。不要讓那樣的事打擾你。你的所有「怪異」行為，在你所來自的地方都是正常的，而你的指導靈理解你，因為祂們來自同樣的地方。祂們知道要融入與地球人相處，對你來說可能非常艱難，祂們很樂意以任何可能的方式支持你。

三、你是宇宙大使

大使是被授權的信使，執行特殊的任務，且代表自己的政府駐守在另一個國家或國際組織。你的角色非常類似。差異在於，你不是來自另一個國家，而是另一個行星、星系乃至次元。你代表的不是政府，而是你的宇宙家園的集體精神。不管怎樣，任務是非常類似的。它是關於將你的宇宙家園的靈魂特質，帶到活生生的太空飛船（我們稱之為「地球母親」），與這裡的一切眾生分享。

以指導靈身分協助你的星際存有，是你回家的門路，將你連結到你來此要傳導進入這個世界的能量。你不必成為專業的傳訊管道或靈媒，即可做到這點。你一生都在傳導能量，從小嬰兒開始，你的微笑、聲音、臨在、人格，全都表達出在你心中綻放的遙遠光芒。所以你唯一需要做的是成為你自己，那樣便足以完成你的使命。

你不是這裡唯一的宇宙大使。如果你讓你的星際存有幫忙你，祂們將會引導你找到其他人，如此你們才能夠一同合作，以各種形式歡慶生命的多樣性。

跨文化的星際存有溝通

在世界各地都發現有星際存有擔任指導靈，各大宗教或靈性傳統很少提及祂們，但是許多原住民談到祂們與星星的連結。有些研究人員也主張，濕婆（Shiva）和毘濕奴（Vishnu）等印度教神明，以及拉（Ra）和歐西里斯（Osiris）等埃及神明，都起源於宇宙的其他地方。我的指導靈從不曾跟我談論過那個主題，所以我無法告訴你是真是假，但它是一個值得深思的有趣想法。

此外，如果我們同意星星本身是有情的，因此顧名思義，星際存有也是有情的，那麼我們就可以找到一整系列的傳統奠基於人類與星際存有之間的關係。出現在腦海中的是古老的神道教。神道教指出，日本天皇是太陽女神天照大神（Amaterasu）的後裔。在希臘，與之對應的是國家級神明阿波羅（Apollo）。傳達「德爾菲神諭」（Oracle of Delphi）的最高女祭司人稱「皮媞亞」（Pythia），她是阿波羅的官方頻道和信使。她的視界影響了古代古典世界裡的每一個人，從外國皇帝到當地的農民，所有人都前來尋求建言。

現代，許多小型靈性社群，已經圍繞著「星際存有溝通」發展。他們的信念往往奠基於艾利希・馮・丹尼肯（Erich von Däniken）和撒迦利亞・西琴等研究人員的作品，他們宣傳了外星人在遠古時代造訪地球，且以重大方式影響了人類歷史的理念。這些理論也為星際種子運動（**starseed movement**）奠定了基礎，這個運動既不是官方組織，也沒有集中管理的權威機構，更沒有系統編纂的信念系統。取而代之的是，人們利用網際網路連結彼此，分享他們的經驗，說他們是源自宇宙其他地方（另一個行星、星系、銀河、次元或平行宇宙）的靈魂，現在已經化身成為人類，要協助地球上生命的進化。

如果我們仔細檢視這些例子，就可以體認到，談到與星際存有溝通時，有某些共同的思路。最引人注目的是，銀河信使們化身成為人類，無論是身為國家的領導人，還是我們隔壁的鄰居。整個歷史上都有這方面的報導，從古代開始，皇帝和國王用他們的外星祖先合法化自己的統治，直到今天，成千上萬的人們傳送昴宿星人、天狼星人、仙女座人的訊息。除了靜心冥想外，通靈傳導（**channeling**）也是與這類指導靈連結非常有效的方法。它是讓你的指導靈直接透過你講話的能力，同時你保持像出神一樣的狀態。企圖接觸星際存有的人們，可以學習通靈傳導和靜心冥想，而我推薦珊娜雅・羅曼（**Sanaya Roman**）與杜安・派克（**Duane Packer**）合著的《開放通靈》（*Opening to Channel*）。

接收到召喚

縱觀整個歷史，以及世界各地曾有星際存有作為指導靈的靈之工作者，都曾經以下述方式接收到與星際存有共事的召喚：

- 迷戀與星際存有合作的某一靈性傳統。
- 某次祖先連結，連結到某位特定的星際存有。
- 與星際存有相關的同步性屢屢發生。
- 以這類指導靈為特色的夢境。

由你決定創建獨特的溝通風格，藉此與你的星際存有指導靈對話。溫習一下你在本章學到了什麼，哪些部分在直覺層面與你起共鳴？哪些部分對你沒有多大的意義？你想要嘗試或了解更多什麼樣的信息？如果你願意，可以將筆記寫在工作簿（見附錄）中，準備好迎接什麼時候開始創建你自己的儀式，與和你互動的特定星際存有好好連結。

星際存有一覽表

- **特徵：**宇宙的意識、能夠駕馭能量、酷愛技術。
- **天能：**能量療癒、健康的超脫人類的感情大戲、真實性。
- **挑戰：**領先自己的時代、努力融入、找到志同道合的人。
- **擁有這種指導靈表達了關於你的什麼信息：**你一直渴望回家、地球上的生命對你來說是個謎、你是宇宙大使。

接下來，我們將好好檢視天使——祂們的特徵、天能、挑戰，以及人類在整個歷史和跨文化之間如何與祂們合作。

第10章

天　使

在我的靈性探索之初，我總是略過天使，因為天使似乎只連結到基督教。既然我不信教，所以完全避開了這個主題。我也不喜歡天使幾乎總是被描繪成歐洲祖先的白膚金髮、身穿白色長袍的藍眼睛女性。我完全無法認同祂們。這樣的想法在二〇一六年改變了，當時我發現了凱爾．格雷談論天使的著作。

那時我剛領悟到，生命中過去十五年來與非物質存有的相遇，其實有一個目的：我可以利用自己從靈界得到信息的能力幫助人們。這促使我盡可能多多了解任何類型的與靈溝通。因此，我決定進一步了解天使以及如何與天使連結。我讓自己埋首於這個主題，閱讀了我可以找到關於這些天界幫手的任何信息。我發現凱爾的著作最吸引我，這促成了某個陽光明媚的下午發生的事。

當時我跟平日下午一樣，在筆記型電腦上工作著，突然間感應到某個臨在，於是看向窗外。我目睹的景象實在是難以置信：周圍房屋的屋頂上有四十至五十位天使，全都看著我。別人看不到祂們，因為祂們沒有呈現出完全的物質形相，而是存在於我們的三維實相與夢境之間的次元。我可以用我的眼睛看見祂們，但是觸碰不到。祂們沒有穿白色長袍，也並非全是金髮。事實上，祂們穿著T恤、牛仔褲、夏季洋裝，以及其他現代服飾，看起來就像來自世界各地的普通人。如果不是因為那些翅膀，以及周圍空氣突然間感覺起來比較凝滯的事實，我絕不會知道祂們是天使。

在我的頭腦確認祂們是天使之際，我的心突然間敞開來，接收到一波使我熱淚盈眶的愛。在那一刻，我理解到，我把天使們視為純屬基督教現象的觀點是錯誤的。就跟其他類型的指導靈一樣，天使不屬於任何宗教，祂們幫助所有宗教和靈性世系的人們。祂們是高頻振動的存有，散發著純淨的愛。其他類型的指導靈，並沒有攜帶像祂們那樣的和平能量。

祂們那天給我的訊息不是以文字或圖像傳遞的，而是透過祂們的臨在。所有的宗教和靈性傳統，無論是今天有幾百萬的信徒追隨，還是早已被歷史遺忘，都擁有同樣的核心訊息：信奉愛，而不是恐懼。它們運用不同的言語、肖像、儀式，根據自己文化對世界的理解，但本質是相同的。舉個例子，在哀悼摯愛的死亡時，你可能會穿黑衣服，而另一個人會穿白衣服，但你們倆正在做的事，都是頌揚連結你與已離世者的那份愛。沒有理由為外觀而爭吵。聚焦在人為的表相背後的意圖，我們才能找到共通性且因此找到和平。

在邏輯層面，我早就理解到這點。然而，當你在你的存在核心體驗到它的時候，那完全是另外一回事。那就是那天發生在我身上的事。天使們那次來訪，使我在比以前體驗過更深入的層面領悟到，我們全都是同一個。

天使到底是什麼？

如果你出生在受到某一亞伯拉罕宗教（Abrahamic religion，基督教、猶太教、伊斯蘭教，譯註：此三大宗教均是有共同源頭的一神教，且均極為尊崇《舊約聖經》中的亞伯拉罕）影響的社會中，你可能會想當然耳的以為你已經了解天使。這些靈性傳統對這些文化的結構影響至鉅，因此即使沒有接受過宗教教育，你也會遇見天使。從情人節的應景卡片到商店的裝飾品，天使無所不在。這意謂著，對於天使是什麼、祂們與什麼有關、祂們看起來是什麼樣子，你都有先入為主的概念。如果出生在從其他靈性傳統汲取其價值和信念的文化中，你對這種指導靈的印象就不會那麼深刻。無論是哪一種，時候都到了，該要揭開天使真正是什麼，以及與祂們共事可以學到什麼東西，因為我們每一個人的指導靈團隊中，都至少有一位天使。

天使這個英文字來自希臘文 **aggelos**，意思是「信使」。這是有道理的，因為天使扮演我們與神性之間的中介人。祂們已經在我們身邊好一段時間了——蘇美人、埃及人、古希臘人和羅馬人都描述過祂們。如今，民調顯示，百分之五十五的美國人表示，他們不僅相信天使，而且曾經「因為守護天使的保護而免受傷害」（《美國人真正相信什麼》〔*What Americans Really Believe*〕，二〇〇八年）。那是多麼不可思議啊！它顯示，每一個人都有一位守護天使，為我們提供愛、鼓勵、啟發和保護。天使是和平使者、安慰者、宇宙的療癒師。但是如果需要的話，祂們也可以開個不錯的玩笑或發放「嚴厲的愛」（**tough love**，譯註：指為了起到幫助作用而嚴厲對待有問題的人）。當祂們需要保護我們免受傷害時，可能會出現意想不到的凶狠。

有些人說，天使不能化身成為人類，另有些人則講著故事，說天使化成人形，帶來重要訊息或拯救他們免受傷害。因為我還沒有證據證明兩種理論的任何一種，所以尚未對此形成意見，我會把這點留給讀者自己做決定。我確實知道的是，天使時常以類人形展現自己，為的是讓我們比較容易與祂們連結。重點不在於祂們實際上是男性或女性，有金髮或黑髮，或是展開雙翼在宇宙裡到處飛翔，祂們只是知道，我們很難與純光能量構成的存有溝通，因此祂們設法投射我們可以理解和關連的影像，使雙方的溝通比較容易。祂們向我們展現自己的另一個方式是，在靜心期間、睡著時、做夢期間或清醒時，成為流動的白光或光球。祂們也喜歡留下白色羽毛，讓我們在意想不到的地方找到。

最有名的天使是大天使，包括：保護者麥可、療癒者拉斐爾、培育者加百列、轉化者薩基爾、荷光者烏列爾、天界書記麥達昶。然而就連這些高階天使，也不希望我們崇拜祂們。這並不意謂著，即使感覺受到召喚要向祂們祈禱，我們也不能那麼做；而是意謂著，重要的是不要建立不平衡的關係。祂們是與眾不同的，但並不是優於宇宙中包括我們在內的任何其他有情眾生。祂們會提供幫助，但是我們需要請求祂們幫忙。唯有那樣，祂們才能夠協助我們，否則祂們會違反我們的自由意志，而祂們不能那麼做。

◎指導靈的特徵

有許多不同的天使——大天使、守護天使、勵志天使、顯化天使、商業天使、療癒天使等等。祂們有不同的目的和能力，但是全都共享某些特徵，使祂們被分出來，不同於其他六種指導靈。現在我們來更詳細的檢視這些特徵：

一、高頻振動

天使是非常高頻振動的存有，因為祂們的本質是純淨的愛與光。那意謂著什麼呢？祂們不知道恐懼，因此無法像人類常做的那樣，根據恐懼採取行動。這是因為二元性（二元性是奠基於恐懼／愛的二分法，統治著我們的三維世界和物質存在）無法限制祂們。因此，天使可以存在某個使祂們能夠始終擁有純淨念想和意圖的能量頻率上。天使不可能希望我們受到傷害、憤憤不平，或是懷有自私的動機。這些對祂們完全沒有意義，因為祂們理解，我們全都是同一個，如果我們對彼此施加情緒上或身體上的痛苦，只會傷害到自己。這並不意謂著，天使容易唬弄，可以讓我們好好利用。它確實意謂著，我們的天使指導靈可以啟發我們活出奠基於愛的人生，而且為我們徐徐注入可以活出如此人生的勇氣——即使是在面對恐懼時。

二、有愛心

當我的天使指導靈在身邊的時候，我感覺到一波愛擊中我的心輪，這是因為天使是有愛心的生物，居住在我們用心感知的頻率上。祂們無法不透過愛的眼光感知一切。我不是在談論浪漫的愛乃至性愛——這兩者只能存在二元世界中。天使的愛是無條件的，知道它沒有邊界，不區分誰值得、誰不值得。祂們同樣愛著每一個存有，無論是人類、蝴蝶，還是海灘上無人關注過的小卵石。是的，甚至是強姦犯、殺人兇手，以及任何我們不希望他在我們的孩子或我們身邊的人，都有一位無條件的疼愛他們的天使陪伴著。這並不意謂著，天使赦免當事人的行為，但是天使們了解，每一個人的內心深處都有一絲神性火光，以及擁有被愛的權利，即使他們偏離了正道。

三、不評斷

所有天使的另一個共有特徵是，事實上，祂們將我們視為宏偉的存有。還記得我跟你說過，祂們不想被崇拜嗎？那就是原因啊。祂們明白我們跟祂們一樣令人驚歎和難以置信，只是以不同的方式。

因此，祂們絕不會評斷我們，或是拿我們與他人比較，因為祂們可以看進我們的靈魂，而且欽佩祂們在那裡發現的東西。祂們不會取笑我們的大鼻子，不會因為我們剛丟了工作就貶低我們，或是犯了錯便拋棄我們。天使希望我們放下我們要自己承受的所有評斷。下次照鏡子的時候，請設法透過你的天使指導靈的眼光好好看看自己，忘掉你通常感知到的所有缺陷。取而代之的是，聚焦在發現隱藏在你靈魂裡面的寶石。你愈是能夠透過你的天使指導靈的眼光看見自己，你自己的振動以及你的生命的振動就會變得愈高。

◎來自天使的天賦

天使成為強而有力的指導靈，因為祂們可以將美麗的天賦賦予我們，那能以許多正向的方式轉化我們的人生。在亞伯拉罕宗教的神聖經文中，我們發現許多例子，從大天使加百列在《聖經》中宣布耶穌基督的誕生，到向穆罕默德揭示《可蘭經》，以及根據伊斯蘭信仰，從大天使麥可為地球帶來雨，到根據猶太教的說法，希伯來語是來自天使們的禮物。即使我們可能不是先知或學者，仍然可以期待能夠接收到接下來我要討論的三項天賦。

一、療癒情緒課題

現在你知道，天使的重點在於無條件的愛，以及設法啟發我們透過同樣的透鏡，看見這個世界、我們自己和我們的人類同胞。這讓我們可以不聚焦在他人的缺陷、不完美、短處，而是聚焦在對方靈魂的美。因此對方感覺到被確認和看見，那允許他們綻放且讓他們的光芒照耀，沒有羞愧和拘謹，這是非常具療效的轉化過程。

我們時常需要療癒，因為創傷可能會使我們陷入羞愧、罪疚、憤怒之類的情緒中。這些是對創傷的自然反應，一旦我們好好處理，必會消失。然而，我們往往不處理它們，而是設法壓抑，對他人和自己隱藏我們的狀態，將那一切全部鎖在自己的心靈裡，然後我們感覺到卡住、斷離、被高能拋棄。與我們的天使指導靈合作，可以提供我們需要的情緒療癒。

二、消除恐懼

與情緒療癒相關的另一項天使天賦是：消除根本的恐懼。愛與恐懼是我們二元世界的靈性基石。在我們的人類化身中，我們需要兩者，才能獲得來到這裡所要取得的智慧。當我們走錯路或處在危險中的時候，恐懼警告我們。然而，恐懼也可能由於過去的負面經驗而升起，這些負面經驗仍舊支配著我們當下的行為，因此將會在未來導致不想要的結果。這種恐懼是不健康的，妨礙我們活出幸福快樂且充實滿意的人生。

天使指導靈可以幫助我們，將平衡轉換成邁向愛和遠離恐懼，祂們讓我們能夠體驗到，祂們為我們以及一切眾生感覺到的愛，藉此賜予我們這份天賦。我們唯一需要做的是，敞開來接受祂們透過象徵、同步性、直覺傳送的臨在和指引。然後，一旦我們學會了與我們的天使指導靈充分連結，戰勝了心中的恐懼，就可以透過自己回歸真愛的過程協助他人。

三、慈悲對待眾生

慈悲是關心他人的苦難和不幸。慈悲需要同理心，也就是有能力理解和認同他人的經歷。有些人天生具有這份天賦，而且讓它滲透到我們今生所做的每一件事。大部分的我們獲得慈悲，是因為親身經歷過艱難時期。無論我們如何取得慈悲，我們的天使指導靈都可以增強它。祂們將會敞開我們的心，提升我們的前瞻性，藉此增強我們的慈悲心。剛開始，這可能是嚇人的，因為這時我們感應到許許多多。當其他人感到悲傷或生氣，或是置身在物質身體的痛苦中的時候，我們飛快的注意到。一旦我們習慣了，理解該如何不讓它將我們淹沒到——把對方的情緒當作是自己的地步，我們就會領悟到這份敏感是一種天賦，可以好好服務我們追求自己的夢想和抱負。它還可以提供服務，讓這個世界在眾生眼中變得更加包容和平等。

◎天使帶來的挑戰

與天使指導靈合作可能會帶來挑戰，而邊界課題往往是這類挑戰的核心。如果我們試圖過著天使而不是人類的生活，這些問題就會出現。有些人過度認同天使的境界，因此失去了在三維世界的立足點。如果發生這種情況，我們也將失去能力，無法為人類的生命設定必不可少的邊界，且讓我們討論一下可能因為這個問題而產生的三個挑戰：

一、容易受騙

本章稍早，鼓勵你透過你的天使指導靈的慈愛眼光，看見自己、這個世界、其他人。然而，假使你忽略自己比較不愉快的感覺，假裝只看見愛和光，而不是在課題和問題升起時好好承認和參透，你便削弱了自己的情緒警報系統。這些系統告訴你，是否可以信任某人，讓你要麼感覺到連結、好奇、有愛心，要麼感覺到恐懼、謹慎、憤怒。如果你時常避開恐懼、謹慎、憤怒的情緒，這些警告系統便失去力量，就像不鍛鍊的肌肉一樣。這意謂著，你敞開大門，迎接心中只有自己利益且必會設法利用你的人們。

要領悟到，你是人類而不是天使，那是有原因的。你化成肉身，為的是達成你的人生目的，那是你在這裡、在地球上、在肉體內（不是在天使界）必須做到的。請記住，你的天使指導靈愛你本來的樣子、愛人類的缺點、愛所有一切；祂們不希望你設法成為祂們。要運用祂們的指引在地球母親上成為最佳版本的自己，那為你提供更好的服務。

二、不腳踏實地

同樣的根源問題可能使我們不腳踏實地，造成我們失去與現實的聯繫。我們愈是努力達到天使層級，為了逃脫日常生活的艱辛而「飛離」，就會有愈多的人生限制我們，「將我們帶回到地面上」。當我們無法親自為自己設定邊界時，生命也會為我們辦到。我可以從個人經驗告訴你，金錢問題是我們不夠腳踏實地時，可能遇到的一個限制。它不是不公平的懲罰。這樣的情況之所以發生，是因為宇宙正在設法讓我們看見，我們不夠臨在於自己的生活中，無法完成我們來到這裡所要做的事。這些困難吸引我們的注意力，使我們腳踏實地，扎根在地球表面。

你的天使指導靈想要你知道的是，腳踏實地不只意謂著經由靜心與觀想連結到地球，它意謂著，參與人生，履行我們的義務，每天採取切實可行的步驟有目的地活著。

三、變得過於理想化

因為有天使作為指導靈，而可能引發的第三個挑戰是，帶著玫瑰色的眼鏡到處走。再次強調，這情況之所以發生，是因為我們與天使界之間的邊界有孔隙。樂觀的人生觀是偉大的，希望創造更多的包容性與平等性也同樣偉大，天使也希望這樣。不過，如果我們變得太過完美主義，就為自己奠定了失敗的基礎。不斷將我們對理想世界的憧憬與人類的現實作比較，可能會導致抑鬱、憤怒、冷漠。重要的是，要學會有憧憬同時實事求是，那樣才能實現我們美好未來的夢想。

你與天使的連結，表達了關於你的什麼信息？

目前為止，你已經了解了天使是什麼，熟悉了天使獨特的特徵、天賦、挑戰。現在，根據測驗，當你的前三位指導靈有一位是天使時，那表達了關於「你」的什麼信息？你的連結告訴你關於你的什麼信息？身為指導靈靈媒，因為做過成千上萬次的解讀，我了解到，有三件事使你脫穎而出，不同於其他人。

一、你是高度敏感的靈魂

天使是你的主要指導靈之一，這個事實告訴我，你是高度敏感的人。與社會有時候希望我們相信的東西相反，那是好事。是的，即使你是男人。高敏感度並不代表軟弱、無能為力或容易唬弄。是的，你想要針對你的邊界下工夫。否則，你可能會被外在世界和靈性界域觸及你的所有印象淹沒。但是如果好好針對你的邊界下工夫，你將會得到力量的加持，成為良善的真正通道，將部分的天使之愛和智慧帶到我們人類的層級。河川需要邊界，包括河床，否則河川永遠抵達不了海洋。吸管需要管壁，才能將液體輸送到你的嘴巴裡。對你來說也是這樣。沒有邊界，你的能量將會消散成為空無。但是當邊界牢固時，你的敏感度可以達到新的層級，而不是你被淹沒，想要逃離世界，因為世界的嚴苛未經過濾便觸及你。

二、你關懷他人

你的心向外觸及需要的人們。你可能會跟我一樣，不看新聞，因為不斷出現的苦難、悲傷和虐待。那令我心煩、使我抑鬱、挫敗或生氣。這些容易受世間痛苦折磨的時刻，感覺並不好。這些使你納悶，為什麼其他人似乎能夠直接忽略，不是嗎？但這些也顯示，你比大部分的其他人更關懷他人。每次走過無家可歸的流浪漢、正在哭泣的孩子，或被忽略的動物，你都有深度的同理心和慈悲心湧現。那是為什麼你的天使指導靈想要與你合作的原因，你們倆的重點，都在於服務、愛、和平。你如何在人世間表達那些品質（透過工作、志工服務，或只是在你能夠的時候提供幫助）都無關緊要，重點在於，讓你關懷他人的靈魂，有機會以不同的形式提供服務和實現它的目的。

三、你是療癒師兼和平使者

你敏感而關懷的心，不是只在那裡讓你受苦。你的敏感是你擔任療癒師與和平使者的角色的一部分。當個療癒師，並不意謂著成為醫生或靈氣大師（不過假使你想要，的確可以那麼做）；它能以各種直接和間接的方式發生，就跟帶來和平一樣。建築師可以聚焦在為無家可歸的遊民，設計小巧、容易建造的房屋。教師可以訓練學生預防和解決衝突。農民可以創造耕耘土地的方法，不破壞土地的自然平衡。

無論你做什麼，你的天使指導靈都與你同在，幫助你以自己的方式帶來療癒與和平，沒有手足無措。當人們來找你且敞開來談論他們的問題時，這是你被需要的信號，但它並不意謂著，你必須比現在更加投入。它確實意謂著，你可以好好聆聽，創造空間，讓對方可以發現並跨出自己的療癒之旅的下一步，或是在自己的生活中找到和平。

跨文化的天使溝通

之前提過，亞伯拉罕宗教全都知道天使的存在。某些教士、先知、修士、修女，以及其他這些靈性傳統的實踐者，曾經與天使們合作，留下了如何與天使連結的線索。

亞維拉的聖德蘭（**St Teresa of Avila**）是著名的例子，她是加爾默羅修會（**Carmelite**）修女、玄祕家、作家，活在十六世紀。她曾經多次看見令她欣喜若狂且與上帝合一的天使們。一九三〇年代，另一位來自波蘭的修女聖女傳天娜（**St Faustina**），每天向大天使麥可祈禱，她因看見天使的靈化為異象和物質形相而聞名。還有羅馬尼亞的伊莉亞娜公主（**Princess Ileana**），她後來成為東正教女修道院院長，人稱亞歷珊卓院長（**Mother Alexandra**）。她撰寫了《神聖的天使》（*The Holy Angel*），這是一本從東、西方基督教視角深入研究天使的著作。

在伊斯蘭教中，相信天使是六大信仰條款之一。先知穆罕默德本人，從大天使吉布里爾（Archangel Jibril，即大天使加百列）那裡得到《可蘭經》，而且在先知穿越天體的旅程上，遇見了好幾位重要的天使。還有十三世紀著名的波斯詩人魯米（Rumi），他五歲時第一次遇見天使。這使他踏上終生的靈性探索，不只探索他自己的信仰，更探索所有宗教起源的神祕主義。活在一九三三至一九九六年的埃及傳教士、作家兼活動家阿卜德勒．哈米德．基什克（Abd al-Hamid Kishk）是比較現代的例子。每週五，多達一萬人參加他的布道會。他的著作《天使的世界》（*The World of Angels*）奠基於《可蘭經》和《聖訓》（*Hadith*），從伊斯蘭教徒的視角探討天使世界的各個面向。

今天還有不少天使專家，儘管祂們並非總是與有組織的宗教連結。黛安娜．庫珀、凱爾．格雷、梅蘭妮．貝克勒（Melanie Beckler），都撰寫了如何與自己的天使連結的書籍。凱爾主要運用祈禱、靜心冥想、神諭卡，梅蘭妮致力於通靈傳導、靜心冥想，也使用牌卡，而黛安娜偏愛神諭卡、靜心冥想、真言。克蕾兒．史東（Claire Stone）是這個主題的新作者，她聚焦在女性大天使，以及女性大天使在我們的集體意識中重新出現，因為神聖女性的壓抑正逐步解除，她運用肯定語句、祈請、儀式。

我們可以從所有這些天使傳訊者學到的是，祈禱、靜心冥想、默觀、通靈傳導，是與天使連結的主要方法。重點並不是在於，知道確切的祈禱字詞或正確的祈禱方式，而是在於放下智力。如此，你才能落入你的心的空間，在那裡，你可以敞開來迎接天使界，透過感覺而不是思考與天使連結。

之前提過，當我個人的守護天使接近時，我總是在我的心輪區感應到。一波愛的浪潮，使我放下心智和情緒的護盾，我笑得燦爛，而且記得，我們全都是同一個。

接收到召喚

縱觀整個歷史，以及世界各地曾有天使作為主要指導靈的靈之工作者，都曾經以下述方式接收到與天使共事的召喚：

- 迷戀與天使合作的某一靈性傳統。
- 感應到某位看不見的臨在，祂散發著無條件的愛。
- 某次祖先連結，連結到某位特定的天使。
- 與天使相關的同步性屢屢發生。

- 以這類指導靈為特色的夢境。

由你決定創建獨特的溝通風格，藉此與你的天使指導靈對話。仔細深思你在本章學到了什麼，哪些部分在直覺層面與你起共鳴？哪些部分對你沒有多大的意義？你想要嘗試或了解更多什麼樣的信息？如果你願意，可以將筆記寫在工作簿（見附錄）中，準備好迎接什麼時候開始創建你自己的儀式，與和你互動的特定天使好好連結。

天使一覽表

▼**特徵**：高頻振動、有愛心、不評斷。

▼**天能**：療癒情緒課題、消除恐懼、慈悲對待眾生。

▼**挑戰**：容易受騙、不腳踏實地、變得過於理想化。

▼**擁有這種指導靈表達了關於你的什麼信息**：你是高度敏感的靈魂，真正關懷他人，每一個人都幸福，你才可能幸福。你是療癒師兼和平使者。

既然我們已經檢視完畢全部七種指導靈，你即將學習如何與自己的指導靈團隊連結與溝通。你準備好了嗎？

第三部

如何與你的指導靈連結？

第11章

你可以跟指導靈說話

因為我沒有宗教或靈性背景，我的指導靈必須說服我，祂們是真實的，不是我的想像力虛構出來的。所以，祂們做了什麼呢？祂們以完整的物質形相出現在我的眼前。無論我的頭腦多麼想用邏輯來解釋祂們的外貌，都是不可能的。我反問自己，在德國第一次遇見我的祖先指導靈是不是夢，但是不對，我當時很清醒，眼睛是睜開的。那不是幻覺。我沒有吸毒，也沒有精神健康問題的病史。此外，事件發生後才兩天，我就得到了不相干的人提供的證實，當時我在薩滿信仰工作坊學到，指導靈有時候以發光紅色球體的形式轉移能量。那次邂逅是真實的，毫無疑問。我別無選擇，只能接受另一個維度的存在。即使是那樣，我還是花了十五年的時間才把那個拼圖整個拼好。唯有到那時候，我才領悟到那些靈正在設法告訴我什麼信息，以及該如何幫助我教導別人，如何與他們自己的指導靈連結。

起初，與靈界相遇可能顯得沒有什麼意義。有時候需要一天或一年乃至十年，才能理解它們的真實含義。那沒關係。我們可能偏愛立即的解釋，但靈界不是那樣運作的。如果希望與指導靈連結，不期待指導靈按照我們的規矩演出，是我們需要做出的一部分心態轉換。如果帶著錯誤的期待進入這種經驗，我們就為自己奠定了失敗的基礎。是的，我的指導靈讓這事對我來說變得輕而易舉，因為祂們以完整的物質形相出現，但我仍然必須調整自己的心態，沒有人能為我完成那件事。每一個人都必須為自己做到這件事，一次一個新的想法。

不用擔心，我將會幫助你做出那個轉換。在本章中，我將會好好解釋你需要先行理解的幾個核心概念，然後你才能創建典禮，在典禮期間嘗試接觸你的指導靈。即使我無法讓你的指導靈以物質形相出現在你眼前，但我還是可以幫助你以其他方式與祂們連結。如今，我不常看見化為物質形相的靈。我不需要，因為我可以在心靈感應層面與祂們連結。祂們需要大量的能量才能顯化成物質形相，因此如果沒有必要，祂們寧可不那麼做。用你的心靈之眼看見祂們，或是根本不看祂們，對溝通來說是同樣有效的。人們常說眼見為實，這裡剛好相反。有些人只是聽到靈或感應到靈，乃至聞嗅到靈。接觸的形式並不重要，必不可少的是正確的心態。你需要保持敞開來接受指導靈可能是真實的，而且你能夠與祂們溝通。就好像任何其他的目標一樣，你需要相信有可能觸及那個目標，否則你永遠達不到。

那並不意謂著，你必須容易受騙或天真無知。它意謂著，你想要給自己一個經歷某事的戰鬥機會，沒有先入為主的評斷妨礙你的進步。當長大後的某人相信占星家、靈異人士、靈媒全都是騙子的時候，我理解逆轉信念系統是一項正在進行的工程。那是你無法期待立竿見影的原因之一，它需要耐心、堅持不懈、經常練習。它需要練習，才能輕易的從我們用於購物或撰寫電子郵件等日常任務的邏輯式頭腦，轉換成與靈界連結所需要的比較直覺式的頭腦。而且沒有終點線，它是終生學習的經驗。就連已經從事這類工作三十或四十年的靈之工作者，每天也都在學習新的東西。

儘管如此，我想要提醒你，每一個人都可以與自己的指導靈溝通。是的，你也不例外。你不需要任何特殊的技能，也不需要成為專業的靈之工作者。且讓我們檢視一下，可以幫助你完成這事的四個心態轉換。

靈的語言

可以幫助你為你的第一場指導靈典禮，做好準備的第一種心態轉換是，放下假設指導靈的溝通方式跟人類一樣。祂們的溝通方式跟人類是不一樣的。所以，祂們如何溝通？與人類的語言有何不同？我們習慣透過口頭說的話或書寫的文字傳遞訊息。指導靈可能會使用這些方法，但是祂們主要透過象徵、夢境、直覺溝通。

一、象徵

重要的是要了解到，象徵並不是普世通用的；象徵對不同的人們意謂著不同的事物。舉例來說，我們往往將玫瑰與浪漫的愛情聯想在一起，因此人們想當然耳的以為，他們需要那樣詮釋玫瑰。這是不正確的。如果你的祖母總是聞起來像玫瑰，那麼玫瑰對你來說代表你的祖母，而不是浪漫的愛情。詮釋某個象徵之前，務必先自我檢視一番。它對你意謂著什麼？它使你想起某人或某事嗎？它喚起什麼情感？你因它而聯想到什麼念頭、事件或人們？

象徵並不總是視覺的，氣味、聲音和感官體驗也可以是象徵。飛行的感官體驗可以是自由的象徵，孩子的笑聲可以代表我們小時候造訪過的度假勝地。

指導靈運用象徵在夢裡溝通，但是也在我們醒著的時候溝通。好好注意任何的白日夢，以及白天體驗到稍縱即逝的圖像。我們時常忽略這些，因為它們是如此的不著痕跡，似乎與我們正在做的事無關（或是我們認為無關）。一旦我們敏感的感覺到它們，就會注意到重複出現的主題和象徵。我們愈是將這些帶進我們的覺知中，詮釋它們就會變得愈容易。

因此，要保持警覺。你的指導靈也可能吸引你注意外在世界的象徵。數字序列可以出現在鬧鐘和車牌上，其他象徵可以出現在廣告牌的廣告裡、電視上或書籍中。許多靈媒建立象徵字典，為的是學習他們的指導靈使用的象徵語言。對我來說，當天使在指導靈解讀期間出現且想要談論我的個案的工作時，祂們會穿著西裝出現，西裝是幫忙開啟對話的象徵。

這些象徵始終是個人的，要好好留意你的團隊使用的象徵。

二、夢境

你的指導靈用來與你溝通的另一種象徵語言，是你的夢，祂們不會影響你所有的夢。你可以藉由強度分辨。如果夢非常生動，似乎是比清醒的狀態更真實，使你的直覺強烈的感覺到，那麼它可能是一則內含訊息的夢。我可以經由我如何醒來辨別其間的差異。如果我已經達到了比平時更深入的睡眠狀態，而且需要很長的時間才能重拾意識，我就知道我需要注意一下。那幾乎像是我已經從一趟潛水之旅回來，正在掙扎著抵達水面。我還是會疲累，可以小睡一會兒，才能從這個夢的強度中恢復過來。

舉我二十年前做過的一個夢為例。夢中，一位指導靈偽裝成有著長長白髮的老婦人告訴我，時候到了。她邊說那句話，邊指著一條小路。即使她沒有提到，我也知道那條路通到法國南部。我領悟到這是一則意義非凡的夢，但不知道該如何詮釋。然後在二〇一七年，我受邀參加在法國南部一座城堡舉行為期一個月的作家靜修營。就是在那裡，我開始撰寫這本書。那個夢預示了我成為作家的旅程。

請記住，夢中的象徵是個人的。要先形成你自己的詮釋，再查閱書籍或網際網路。一旦你多次得到同樣的象徵，就要記錄在你的指導靈象徵字典中。

三、直覺

直覺是多數人低估的強大工具。西方文化偏愛邏輯，有時候甚至是嘲笑我們的直覺感。然而，我們允許自己變得愈敏感，我們的直覺就運行得愈好，而且直覺拾起否則勢必丟失的微妙信息。當我們開發自己的直覺時，它可以轉變成心靈和靈媒的能力，使我們能夠與靈界溝通。

我們的指導靈一直使用直覺將訊息傳送給我們，但是因為我們沒有注意到，所以往往徒然。我們愈聽從自己的直覺，就會看見愈正向的結果，於是我們愈信任直覺，而且與指導靈的連結也會變得愈緊密。下次出門散步時，不要事先選擇目的地，只是聽從你的直覺，看看它帶領你到什麼地方。如果你有權在兩本書之間做選擇，請挑選你直覺的覺得比較有趣的那一本。練習根據你的直覺做出小小的決定。那樣的話，如果出錯，也不會有任何負面的後果。然後，一旦你建立了信任，就繼續前進到較大的抉擇。你的指導靈隨時準備好幫助你，但是，就跟其他關係一樣，建立良好的溝通需要時間。

是靈還是想像？

是我的指導靈？或者只是我的想像？

我想要幫助你做到的第二種心態轉換是，想知道你是否只是在瞎掰杜撰。我們的指導靈一直在與我們溝通，但我們的小我時常將祂們的訊息當作是我們的想像。我們甚至不了解，因為這樣有多少信息被過濾掉、被壓抑了。有些人甚至懷疑自己是否神智健全。他們想知道自己是否罹患思覺失調症或其他心智健康問題，然而實際上，他們只是接收到來自自己的指導靈的訊息。加拿大靈媒卡梅兒・喬伊・拜爾德（Carmel Joy Baird）度過了多年躲避塵世的日子，因為她以為自己有問題。當她發現自己「就是」靈媒時，實在是大大的鬆了一口氣，也才能夠轉化自己的人生。

哈佛醫學院二〇一五年的一項研究發現，百分之五的總人口能夠看見和聽見不屬於物質世界的東西；其他研究提到的數據是，任何總人口的百分之二十八。雖然我們在西方文化中貶低這些現象，但它們可能是其他人們的宗教或靈性信念的重要部分。許多人將這些視為自己人生的正向部分。心理分析始祖榮格在他成年期間，經常與他「虛構的」朋友菲利蒙（Philemon）對話。

有些文化區分真正有問題的人以及可以與靈對話的人，後者接受專業的靈之工作者培訓，磨練他們的才能並運用他們的天賦來幫助大眾。在西方社會中，我們時常以為，聽到聲音或看到別人看不見的東西，意謂著我們有心智問題。當然，這些經驗可能是思覺失調症、躁鬱症、邊緣型人格障礙、重度抑鬱症，或創傷後壓力症候群等精神異常的徵兆，或是其他問題，例如帕金森氏症、嗜睡症、癡呆症、腦瘤、癲癇。所以，你怎麼知道你的經驗不是心智健康問題的徵兆呢？從統計上來說，報告有這類現象的人們中，心智健康問題只占百分之二十五。心智健康問題（尤其是思覺失調症）的症狀，開始於十六至三十歲之間。在明顯的症狀開始之前，有種種逐漸的改變，像是出現妄想，例如，相信你是耶穌或某位著名的演員。你可能會認為自己會飛，或是聯邦調查局派員要抓你。其他人將會注意到你說話混亂，似乎沒有道理，有時候則是運動障礙。你可能會變得緊張僵直，欠缺愉悅感，說話困難，或是聲音聽起來遲鈍、單調。你可能會變得冷漠，停止洗澡或照顧自己，甚至演變成對日常生活普遍缺乏興趣。最後，你可能會有自殺的念頭和行為。如果你沒有顯示任何這些症狀，很有可能你是健康的。不過我不是醫學專家，因此如果你有任何疑問，請確實諮詢醫療專業人員。

一旦瘋狂被排除，你就需要區分真正的指導靈溝通與想像。然而，想像與心靈能力之間有著密切的連結。心靈與靈媒的能力往往是透過想像的管道出現。因此，千萬不要忽略你的頭腦的原創性。舉例來說，夢可能是你的想像以及來自指導靈的訊息的產物。引導式觀想（guided visualization）也是與你幻想的能耐互動。指導靈們運用這樣的觀想，達到比想像更為深入的層次。

不管怎樣，這裡有一些徵兆可以確立想像與溝通之間的差異。舉例來說，如果你的內在聲音用「我」開始陳述句子，那往往顯示，這句話源自於你。如果以「你」開頭，那麼這句話很可能來自於你之外的某個獨立來源。

另外，基於恐懼而不是愛的念頭和感覺，不是來自於你的宇宙幫手們，而是來自於你個人的小我。嚇唬你不符合你的指導靈的利益。是的，如果你有危險，祂們可能會警告你，但是祂們會為你提供解決方案，不只是散布厄運和憂鬱。祂們可能會說：「現在左轉吧。」幫助你避開車禍，但是祂們絕不會說：「你今天會死於車禍。」

如果你們的溝通似乎令人沮喪或貶低你，那麼同理可證：那是你的小我。請記住，唯有以無條件的愛與你連結，才可能是你的指導靈，祂們對虐待你不感興趣。那些內在的獨白，源自於創傷、內化的恐懼或自尊等課題。

另一個明確的信號是，你的溝通感覺是被迫的。那也不會是來自於你的指導靈，而是你為了建立連結而太過用力，於是你的小我利用這個機會瞎掰杜撰。

如果你發現正在與你溝通的是你的小我，不是你的指導靈，那也沒有關係。只要做一次深呼吸，放輕鬆，然後再試一次。

最後，你如何才能體認到來自你的指導靈的真實訊息？最明顯的方法是，透過網際網路之類的外在來源，驗證那則訊息，但那並不是每一次都有可能辦到。

另一個明顯的辨別方法是，你是否客觀的聽到或看見你的指導靈。這意謂著，事情發生在你之外，不在你的頭腦中。然而，指導靈的訊息往往主觀的來自你內在。你用你的心靈之眼看見某樣東西，或是得到某份直接的下載，比較難與你的想像力區分開。假使情況如此，看看你是否可以改變訊息、圖像或內在聲音。如果辦不到，那就是你的指導靈。此外，如果那份體驗似乎非常生動，而且就像突然間的洞見，不知打哪兒來，那往往是來自你的指導靈的訊息。

另一則提示是，如果你的指導靈在開始溝通之前發送呼叫卡。呼叫卡是祂們讓你知道祂們在你身邊的方式，它可能是一波愛沖刷著你、你周圍的氣壓改變著、令人愉悅的氣味、只有你聽得見的音樂等等，你可能突然間覺得熱或冷。最後，歸根結柢，這全都仰賴信任你的直覺和經常練習。

準備好了嗎？搭配上述的訣竅，你現在應該發現，與你的指導靈連結變得容易許多，你行的。

靜坐的力量

你想要完成的第三種心態轉換是，使你的頭腦安靜下來以及提升你的振動。與你的指導靈連結，這是必不可少的步驟。除非你知道如何使你的日常思緒安靜下來，且將你的能量提升到與祂們的能量相稱，否則祂們傳達的訊息無法到達你。

我們先來談談讓你頭腦安靜下來。我了解你以前可能嘗試過靜心，而且並不喜歡。嗯，這是不一樣的。

它不是關掉你的念頭，那甚至是不可能的。讓你的頭腦安靜下來意謂著，不關注你的念頭。訣竅在於，將念頭視為不受你支配的，把它們看作是雲，讓它們經過。

第二部分是關於提升你的振動。不用擔心，你不必吃全素，或是加入修道院。當然，如果你想要那麼做，也是可以的。但是你可以在家中舒適的環境提升你的振動，不必過著聖徒般的生活，唯一需要的是一些練習。為什麼需要練習？因為指導靈居住在能量層次比我們高的次元中，祂們必須下許多工夫才能下降到我們的層級。為了幫助祂們出現，我們提升自己的能量就可以在半途遇見祂們。

透過招魂家開發的一種名為「靜坐生力量」（Sitting in the Power）的特定靜心，我們既可以讓頭腦安靜下來，又可以提升振動。我從我的通靈老師戈登．史密斯以及東尼．史托克威爾學到這個方法。他們開發了自己的「靜坐生力量」版本，多年來，我也擬出了我自己的版本。我的版本有七個步驟，我將在這裡與你分享。

靜坐生力量

步驟一

找到一個安靜而安全的空間，在接下來的二十分鐘內，沒有人會打擾你。關上門，讓親人們知道你沒空，然後關掉手機。不要躺下來，反而是坐在椅子上。設法確保你是舒舒服服的，背部筆直且有支撐，雙腳觸碰著地板，雙手放在大腿上，閉上眼睛。

步驟二

做三次深呼吸，鼻子吸氣，嘴巴呼氣。然後讓你的呼吸找到它自己的節奏。好好注意你的呼吸如何充滿肺部，然後再次讓氣息離開你的身體。這麼做，持續三十次呼吸。如果有任何念頭冒出來，而且你逮到自己因此而分心，那也沒關係，沒有理由不高興，只要將你的焦點帶回到呼吸上即可。

步驟三

現在將你的焦點轉移到脊椎底部的海底輪（root chakra）。這是你體內的七個能量中心（脈輪）之一。調頻進入海底輪。如果你能感應到海底輪，太讚了。如果感應不到，請觀想在那個位置有脈動著的紅光。將氣息吸進海底輪，持續七次。現在，觀想有根從海底輪向外生長。讓根蜿蜒而下，來到地板，進入大地。一旦根抵達地球的中心，便纏繞包裹住一顆巨型水晶。現在你已經建立了與地球母親的連結，那將會扎根接地，好好保護你。吸入地球母親的能量，讓能量充滿你，從頭到腳。這麼做，持續十次呼吸。

步驟四

聚焦在位於你的頭頂的頂輪（crown chakra）。如果無法感應到這個能量中心，就觀想它是脈動著的紫光或白光。觀想在那個位置有一扇小門、窗或一顆眼睛，藉此打開它。將氣息吸進頂輪，持續七次呼吸。然後觀想一道白光從頂輪直直向上，將你連結到宇宙的中心。你現在已經連結到宇宙的無窮智慧。將宇宙的能量吸進你的身體裡，讓能量充滿你，從頭到腳。這麼做，持續十次呼吸。

步驟五

聚焦在位於你的太陽神經叢（solar plexus）區的第三脈輪。這是你的力量中心。調頻進入太陽神經叢，或觀想太陽神經叢是脈動著的黃光，看起來像太陽。將氣息吸進這個脈輪，持續七次呼吸。現在觀想這顆明亮的黃色太陽，隨著每一次呼吸而擴展。讓它增長，直到它包含你的胸腔和腹部，然後是你的整個身體。讓它進一步擴展，直到充滿你的整個氣場，在你周圍建立起一球光之繭。你現在已經建立了一個充滿你的個人力量的神聖空間。你也可以選擇觀想一層保護膜，像白光氣泡一樣圈住你的神聖空間。

步驟六

坐在你的神聖力量氣泡中，持續另外二十次呼吸。好好注意你個人的力量場感覺起來如何。不期待會發生什麼事，但是如果任何物質身體的感官體驗、情緒的感覺或念頭升起，要好好注意。然後回到你的呼吸。

步驟七

觀想你第三脈輪的太陽，隨著每一次呼吸而縮小，直至回復原來正常的大小。然後觀想那扇門、窗或那顆眼睛再次關閉，藉此關閉你的頂輪。做三次深呼吸，鼻子吸氣，嘴巴呼氣。然後慢慢將你的意識帶回到房間裡。好好擺動腳趾頭和手指頭。好好伸展一下或打哈欠，你的身體要求怎麼做就怎麼做。睜開眼睛。

＊＊＊

在上課、練習時段或典禮開始時，我總是與學生們一起做「靜坐生力量」，它幫助你進入正確的心態，可以與你的指導靈連結。每週至少做一次「靜坐生力量」，最好做二或三次（請記住，與你的指導靈連結需要練習）。

六大神通

最後一種心態轉換，將會幫助你獲得與你的指導靈連結的自信，也就是掌握讓那樣的連結發生的訣竅。當你想要開車時，你需要知道怎麼開。如果你想要創業或寫書，也是同樣的道理。你可以要麼不斷嘗試，直到學會為止（對開車來說，這不是好辦法），要麼可以讓有經驗的某人解釋它如何運作。與你的指導靈連結也是同樣的道理，如果你以前從來沒有做過這事，那麼先學習基本原理是有道理的。

你需要學習的最重要基本原理之一是，如何接收來自你的指導靈的訊息。你已經了解祂們有自己的象徵語言，可以經由心靈感應溝通，但那是如何運作的？且讓我介紹你認識這六種神通。

「神通」（clair）在法文是「清明」（clear）之意。這些神通是我們五種身體感官的心靈延伸，再加上額外的一感。它們幫助我們與非物質存有溝通，例如我們的指導靈。每一個人都有神通，即使西方社會並不看重包括指導靈在內的世界觀，因此大多數人從來沒有學過如何使用神通。

為了開發神通，你需要允許自己變得夠敏感，才能夠取得你的身體五感得不到的信息。「靜坐生力量」是開發敏感度的一種方法。你還需要理解到，神通可以客觀的和主觀的接收信息。客觀意謂著信息來自外在世界；主觀意謂著信息來自你的內在——來自你的頭腦、情緒或記憶。兩者都是有效的，儘管大多數專業的靈之工作者，更常在主觀層面接收信息。

同樣重要的是，多數人擁有一或兩項自己比較仰賴的主要神通。因此，不要只聚焦在看見或聽見你的指導靈。祂們可能會透過另一種神通與你溝通。

且讓我們逐一檢查一下這六種神通：

一、靈視力

靈視力（clairvoyance）意指「清明的看見」，它是在視覺層面接收到直覺信息的能力。這可能是關於某個物體、人、靈、位置或物質事件。你可能還不了解就已經體驗到靈視力。它不像好萊塢電影描繪的那樣戲劇性。那些視界可能是非常微妙的，通常是用你的心靈之眼看見的。有時候你可能甚至以為自己在瞎掰杜撰，它們可能像是白日夢、腦袋裡的電影，或是某段回憶。你也可以睜著眼睛體驗到它們，而它們可能只持續一秒鐘。藝術家、設計師、建築師，以及其他「視覺型的人們」，很可能擁有靈視力作為他們的主要神通。

二、靈感力

靈感力（clairsentience）意指「清明的感覺」，它是使得讀心者與他人不同的原因——他們可以感知到其他人的情緒，有時候甚至是疼痛或其他物質身體的感官體驗。也因此，花時間周旋在人群間令他們精疲力竭。他們也時常避免看新聞或暴力電影。他們比其他人強烈許多的感覺到一切人事物，如果他們沒有在表意識層面運用自己的靈感力，可能會在自己的人生中製造各種浩劫。有鑑於此，靈感力可能感覺起來像詛咒，而不是天賦。但是一旦理解到靈感力如何運作，當事人便可以有意識的與靈感力互動，於是靈感力可以成為他們的超能力。你可以透過感覺溝通，藉此運用靈感力與你的指導靈連結。不要聚焦在看見或聽見你的指導靈，而是好好注意感覺和情緒，它們內含給你的訊息。

三、靈聽力

靈聽力（clairaudience）意指「清明的聽覺」。你可能聽說過這類故事：某人因為某個及時警告的聲音而免於一場車禍。或是在你即將入睡或醒來時，聽見某個聲音正在呼喚你的名字。靈聽力往往顯化成你自己腦袋裡的聲音，它可能聽起來宛如你的念頭，但是一旦你密切注意，就可以學會分辨，你的念頭與腦袋後面，鼓勵和引導你的安靜聲音之間有何差異。如果你是音樂家、音響設計師或總體而言對聲音很敏感，那麼這可能是你可以與你的指導靈好好溝通的方式。

四、靈認知力

靈認知力（claircognizance）意指「清明的知道」。你可能會把靈認知力體驗成直覺的下載、突然間的洞見或知識的閃現——「腦海中不知打哪兒來的直覺」。你無法識別那則信息從哪裡來。你沒有看見、聽見或感覺到它，只是知道它是真實的。它往往是事實、信息、感知、構想、概念、預測、預感。有靈認知力的人們，往往是分析型的思考者、作家、問題解決者、企業家、自雇人士、書呆子、資訊蒐集者。

五、靈味覺力

靈味覺力（clairgustance）意指「清明的品嚐」，它是在心靈層面品嚐東西的能力。很類似於記得你昨天午餐吃了什麼——沒有把食物放進嘴裡，你也可以品嚐到食物的味道。如果你的祖母喜愛烤餅乾，而且事先在沒有想到祖母的情況下，你突然在出門蹓狗時嚐到祖母烤餅乾的味道，那就是靈味覺力。那可能意謂著，祖母的靈順便過來跟你打招呼。透過靈味覺力與自己的指導靈溝通的人們，往往是廚師、美食家、餐廳評論家。他們酷愛烹飪或享受與品嚐相關的其他嗜好。

六、靈嗅覺力

靈嗅覺力（clairscent）意指「清明的嗅覺」，它是透過嗅覺接收直覺信息的能力。靈嗅覺力是較不為人知的神通之一，因為不是那麼常見，較少人將靈嗅覺力當作主要神通。然而，如果你是嗅覺力高度發展的人，例如葡萄酒品酒師或香水開發人員，那麼靈嗅覺力可能是你與你的指導靈溝通的方式。你不斷聞到特定的花香嗎？還是聞到你爺爺的菸斗味呢？記錄下來，看看那個氣味在你眼裡象徵什麼。

現在，你已經學到指導靈的語言與人類的語言有何不同。你可以區分靈的訊息與你的想像，可以讓你的頭腦安靜下來、提升你的振動。你也知道可以用來與你的指導靈溝通的六種神通。你準備好參加你的第一場指導靈典禮了嗎？

第12章

初次接觸典禮

死藤水使我領悟到儀式和典禮的重要性和效力。這些年來，我參加過大約十場死藤水典禮。第一場死藤水典禮讓我看見，在有典禮布置的環境中與靈界連結，可以是多麼有裨益的。

首先讓我解釋一下死藤水是什麼。這個英文字是克丘亞（Quechua）語，意為「靈魂的藤蔓」（*aya*：靈魂，*waska*：藤蔓）。有些人稱之為*yagé*、*nateema*、或*pilde*。它是來自亞馬遜的古老配方。當地的原住民薩滿用死藤水連結他們的指導靈、療癒病患、為社區謀福利。他們將綠九節（*Psychedria viridis*）灌木的葉子與南美卡皮木（*Banisteriopsis caapi*）藤蔓的莖，混合在一起。有時候，其他植物和原料也是釀造死藤水的一部分。一旦死藤水準備好，它看起來像棕色的濃茶。過去十年來，死藤水在西方的靈性求道者之間大受青睞，這些人成群來到亞馬遜，在饒富當地傳統的情境中服用死藤水。不幸的是，這為當地社區製造問題。其一是，騙子也自稱薩滿，吸引付費的顧客，即使他們沒有通過死藤水儀式師（ayahuasquero）所需要的嚴格訓練。這導致不當使用死藤水，甚至造成一些死亡事件，這對原住民社區及其靈性傳統造成惡劣的影響，而另一個問題又是文化盜用。

正如我之前提到的，我嘗試死藤水，因為我了解它是我的原住民祖先的一部分。我想要遵循這個傳統，藉此與祖先們連結。但是，儘管花了幾週的時間研究和自學那個過程，我還是犯了一大錯誤。我當時的伴侶和我，找不到可以幫助我們的專家。取而代之的是，我們在線上訂購了死藤水，然後在家服用。這主意糟糕透頂。不是因為我們輕率莽進。我們小心翼翼的準備，確保訂購來源可靠，持續三週遵照嚴格的飲食規定，而且把房子從上到下打掃乾淨。然後我們準備釀造死藤水，讓它煮滿特定的時數。我們穿上全白的衣服，設定好我們的意圖，然後祈禱。錯誤在於，我們低估了死藤水對我們造成的影響。我們閱讀了數百篇記載曾經服用死藤水的人們的報導，我們知道在迷幻經驗方面可以期待什麼。不過，我們不是為死藤水的療效準備的。

這是許多人犯下的錯誤。死藤水的力量並不在於它的迷幻視界，即使那些視界可能令人嘆為觀止。主要的好處在於，我們在身體、情緒、心智、靈性層面得到的清洗淨化。這種療癒並非總是好玩的經驗。多數人在面對自己的內在惡魔期間，都會經歷一陣陣的腹瀉發作和嘔吐。任何的未竟事宜、被壓抑的創傷或妄想，都必須被好好處理，無處可逃。就我們而言，我的伴侶受到良心內疚的折磨，告訴我他曾經對我不忠。現在我可以一笑置之，而且很久以前就原諒他了。回顧當時，我不只對事實本身感到憤怒和受傷，而且他毀了我將死藤水經驗獻給祖先療癒的機會。除此之外，死藤水使你變得非常敏感，於是我不得不面對的情緒強度是鋪天蓋地的。

幾個月後，我收到一份私人邀請，邀請我參加每年來歐洲一次的哥倫比亞薩滿所主持的死藤水典禮，就這樣，我第二次嘗試死藤水。典禮在大自然中搭建的一座小型馬戲團帳篷內舉行。一座祭壇在中央，搭配一座小火坑。與會者到處都是，放置了露營墊、毛毯、枕頭，確保自己整夜溫暖而舒服。典禮在日落時開始。在每一個人都安頓下來之後，那位薩滿發表了簡短的演說，讓我們進入正確的心態。他談到我們需要展現出對草藥的尊重，又告訴我們典禮的重點在於療癒自己和世界。然後我們一個接一個的接近他。他交給我們每一個人一小碗死藤水，然後為那碗死藤水賜福，在它上方祈禱，接著我們喝下死藤水，回到自己的座位上。

與我的第一次嘗試相反，這是一次很美的經驗。由專業人士主辦的典禮現場，使一切變得截然不同。我們被告知不要相互交談，避免陷入彼此的情感大戲中，而且單單是那條規則就使我感到安全，且給了我探索自身經驗的空間。自始至終，我們都得到護持。整個夜晚，薩滿間歇的唱著「伊卡洛」（icaro），那是醫療之歌，在靈魂穿越靈界的旅程上指引靈魂，另有兩位助手在場，確保每一個人安然無恙。

那一夜的大部分時間，我都在戶外的第二座營火旁。營火給了我可以聚焦的東西，以及一種天然的能量來源。那一夜，我的祖先指導靈為我提供了深邃的療癒，揭示了我的靈性之路上的下一步。我還感覺到，微小精靈正在我體內清理每一個細胞，事後至少一週，我每天漫步雲端。

那是我的經驗，但是與你的指導靈連結，不需要涉及死藤水或其他致幻物質。事實上，對大多數人來說，這並不是正確的方法，而且唯有在經過大量的研究、適當的準備、以及有經驗的輔導者幫助下，才可以考慮使用。有許多其他方法可以接觸我們的指導靈，但是在典禮現場那麼做，仍然是個好主意。那可能會是什麼樣子？

指導靈典禮到底是什麼？

若要定義指導靈典禮是什麼，首先需要確定一般的典禮是什麼。根據維基百科的說法，「典禮（ceremony）是在特殊場合舉行、具有儀式意義的事件。」那麼，什麼是「儀式」呢？根據《韋氏詞典》的說法，儀式（ritual）「包含按照規定順序執行的一系列動作，包含手勢、言辭、物品。」簡言之：「儀式是一種已確立的典禮。」典禮是事件本身，儀式是典禮期間發生的動作。因此，我們可以將指導靈典禮定義成：「一場典禮，我們在期間透過儀式和意圖，確立與指導靈的連結。」

這種與指導靈溝通的方式，在世界各地都很常見。事實上，它是與指導靈溝通的首要方法。我可以保證，無論你來自何方，你的祖先都曾經在歷史上的某個時刻，經由典禮與靈界溝通。世界各地皆然，它就在我們的血液裡，在我們的DNA之中。指導靈本身也習慣以這種方式與我們連結。

這就是為什麼典禮比其他與指導靈連結的方式，更有效的原因之一。當我告訴你我的第一場死藤水典禮時，我們稍微談過這點。在這裡，我想要討論一個不同的面向。如今，大多數嘗試與自己的指導靈連結和溝通的人們，採用引導式靜心。YouTube上有成千上萬的引導式靜心。我甚至為我的學生製作了一支。然而，隨著時間的流逝，我領悟到，這種方法的成功率很低。那不是因為引導式靜心無效。引導式靜心很讚，如果你知道自己正在做什麼，只需要一些啟發為你指出正確的方向。然而，如果你不了解指導靈溝通的基本原理，或是從來沒有嘗試過與你的指導靈團隊連結，那麼引導式靜心往往適得其反。原因如下：

- 沒有鼓勵要設定意圖，適度的讓自己準備好。
- 二十分鐘左右的時間不足以讓你的頭腦平靜下來，進入看見實際結果所需要的輕微出神狀態。
- 不包含整合時間。在引導式靜心之後，你可能會趕緊去洗衣服或接孩子，沒有給予自己時間好好處理這段經驗。
- 許多人認為引導式靜心是可以打發時間的好玩活動，沒有認真對待它。
- 引導式靜心的創建者，並沒有考慮到特定類型的指導靈。
- 沒有空間發揮你自己的想像力、偏好、經驗。

指導靈典禮有非常不一樣的方法。它有一個準備階段，讓你可以蒐集你的工具、想出意圖、指定空間。典禮本身包含設置神聖的空間、扎根接地、保護自己、召請你的指導靈、等待來自你的指導靈的回應。事後，你再次在日常現實中扎根接地，拆除你的神聖空間，然後記錄你的體驗，藉此整合這段經驗。

像這樣的典禮可能需要兩小時到三天，這樣才容許足夠的時間進入正確的心態。事實上，你投入準備的時間和精力愈多，你的意圖愈強烈，結果就會愈好。這是我參加死藤水典禮學到的另一課。如果我事先花幾天時間放鬆、靜心、寫日誌、吃得健康，我的體驗總是比較深入的。如果我前一天匆匆忙忙的把事情搞定，要我的頭腦安靜到足以與靈界連結就變得比較困難。

指導靈典禮如此有效的另一個原因是，因為你創建了一個可以在裡面運作的物質空間，它包含四個元素、四個方向、岩石、水晶等等，這幫助你的身體透過動作和手勢參與。你還會運用你的呼吸，指揮你的靈邁向你的指導靈的界域。

最後，定期重複舉行典禮，使典禮變得更加強大和有效。就跟任何其他活動一樣，你愈是頻繁的舉行，它就變得愈容易、愈自然、愈有效。所以，好好想清楚，你的第一場指導靈典禮只是開始。

為典禮做準備

現在，你可以繼續前進，為實際的典禮本身做準備。指導靈典禮需要細心準備，這就是目前為止你一直在做筆記的原因。就這第一場典禮而言，你將與你的首要指導靈合作，也就是你做測驗時排名第一的指導靈。溫習一下你針對這類宇宙幫手製作的筆記，運用它們規劃你的典禮。你有與這類指導靈相關聯的任何顏色、食物、衣服、祭品、環境或其他細節可以使用嗎？你也可以納入總體來說與神性相關聯的項目。

在最佳情況下，你會有整整三天的時間舉行指導靈典禮。大家都過著忙碌的生活，不可能總是連續整整三天不見人影，但是你想要投入的最短時間是三小時。一旦有些經驗，你可以將時間減少至一小時，但因為這是你的第一次，所以三小時是比較實際可行的時間架構。若以為三小時看似很長一段時間，請記住，與你的指導靈連結可以在你的人生中創造出巨大的轉化。祂們可以幫助你在你的靈性道路上邁出下一步、發展你的靈性能力、找到你的人生目的、使這個世界變成更美好的地方。那麼做絕對值得。

你也希望你的頭腦、身體、靈魂有時間好好準備，事先聚焦在這個任務上。要不慌不忙。你可以重複使用下述框架，不過隨著時間的流逝，你一定會想要將它調整成符合自己的需求。要從經驗中學習，聽從你的直覺，看看你的指導靈是否有任何你可以持續跟進的建議。現在，這裡有六個步驟可以為你的第一場指導靈典禮做準備：

一、確定日期

查看日曆，挑選一天容許你花二至三小時舉行指導靈典禮的日子。如果你無法立即讓典禮發生，別擔心，先花些時間完成下述五個步驟：

二、設定意圖

確定日期後，下一步是設定你的意圖。你這麼做是為了讓你的典禮有個焦點，它也是通知你的指導靈注意，你需要祂們幫什麼忙。這可能聽起來很簡單，實際上，它可能需要某些深思熟慮。以下有三則建議，可以使你的意圖變得更有效：

- 堅持只有一個意圖。如果想要開發你的直覺，那就聚焦在開發直覺。不要同時要求幫忙找到你的人生目的。你總是可以事後再舉辦另一場典禮。你想要得到指引的第一件事情是什麼呢？在你現在的人生中，你最想要實現或發展什麼呢？

- 不要請求你不想要的東西，這只會將焦點和顯化力量聚焦在負向。要改而請求你想要的東西。
- 要請求做到什麼或成為什麼，而不是擁有什麼。舉例來說，不要請求有錢買新房，反而是要請求找到可以購買你的夢想家園的那筆錢，乃至更好的是，成為屋主。這讓宇宙和你的指導靈，有機會以你不曾想過的方式協助你，不局限在你認為事物應該如何開展。

就你的第一場指導靈典禮而言，請保持典禮簡單，說出與你的首要指導靈連結的意圖。

三、蒐集物品

找到代表四大元素（水、風、火、土）和四個方向（北、東、南、西）的四件物品。例如一碗水、一支蠟燭、一根羽毛、一塊水晶，或是塗上了色彩與四個方位基點相關聯的石頭。記得要查閱筆記，看看該如何讓這些物品，符合在這場典禮期間你想要互動的那類指導靈的個別條件。合適的話，用水清洗這些物品，放在戶外的月光或陽光底下，替物品補充能量。

四、選擇衣服

決定你想要穿哪些衣服。如果某種特定的靈性傳統引起你的興趣，不要只是模仿。舉個例子，要找出為什麼那個傳統的信徒在典禮期間穿黃色衣服。如果黃色衣服在他們眼中象徵實力，請換上對你或你的文化來說同樣象徵實力的東西，要確保衣服乾乾淨淨。

五、挑選空間

指定一個可以在裡頭舉行指導靈儀式的神聖空間，可以在室內，也可以在戶外。重要的是，地點安靜、安全，沒有人會打擾你，在物質上和能量上將那個空間打掃乾淨。如果在戶外，把附近的垃圾撿一撿。如果在室內，請使用有機的清潔產品。你也可以使用當地的煙燻草本或香來完成清潔工作。然後祈禱，把你的計畫告知當地的靈，請求祂們的賜福與支持。如果你在這個過程期間感覺到任何的負面性，請重新找個地點。

六、創建祭壇

在你的神聖空間當中創建一座祭壇。祭壇不必花俏，它可以是椅子、窗台或岩石。將你蒐集到代表你想要連結的那類指導靈的物品放在祭壇上。如果你需要某些主題、顏色、項目方面的靈感，請查閱你的工作簿。還要增加一枝筆和紙，閉幕式的時候可以派上用場。

主持指導靈典禮

時間已經到了。現在你已經準備好每一件事，你準備就緒，要開始你的第一場指導靈典禮。在此，我們將檢視一下典禮期間該做些什麼。但是首先，我想要重申幾個重點：

- 不用擔心瞎掰杜撰。你的想像力是你的朋友，即使你正在發揮想像力，你的指導靈還是能夠悄悄的將給你的訊息傳遞進來。所以，放下吧，別再擔心。你愈是可以做到這點，你的體驗就會愈美好。

- 經過的所有信息都關係重大。你是否認為你一直在瞎掰杜撰，是否認為你的小我正在捉弄你，是否你的狗狗坐在你懷裡打斷你，都無關緊要，那全是經驗和訊息的一部分。
- 要信任你自己、你的直覺、你的指導靈。不要想太多，不要質疑你自己。
- 將你內在的完美主義者送去度假。你不可能搞砸的。即使你認為典禮沒有效，也不必擔心。每一次經驗都有可以學習的東西，找時間再試一次，熟能生巧。
- 如果你感覺到頭暈或很熱，或冰凍寒冷，或震顫發抖，千萬不要驚慌！這很正常。你的身體正在調節，為的是適應典禮正在創造的高頻振動。你將學會享受這些感官體驗，那是與你的指導靈互動的一部分。

現在，在舉行實際的典禮之前，請好好閱讀下述步驟，確保你已經將一切準備就緒，沒有漏掉或遺忘任何東西。接下來，關閉所有電子產品。你不希望在典禮中途被打擾或分心。淋個浴或洗個澡，穿上乾淨的禮服。

太讚了，開始吧。

指導靈典禮

- 進入你的神聖空間。將代表四個方向和四大元素的物品，放置在四個方向的每一個方位。用指南針（或許是手機上的指南針，確認方位後記得關閉手機）確定各個方位。如果你用的是元素，請憑直覺決定哪件物品要放置在哪個方位。設法確保有足夠的空間，讓你和你的祭壇可以舒服的融入你的空間的中心區。可能的話，讓空間大到你可以躺下來，雙臂和雙腿向外伸展。
- 隨意用鹽、水晶或岩石連結你的物品，連成一圈。如果空間夠大，連成的那個圈要大到足以能讓你在圈內跳舞。
- 面對祭壇，大聲說出你的意圖。說出這場指導靈典禮的目的，透過聲音和振動，將典禮的目的從心智狀態帶進物質界。告訴你的指導靈，你已經準備好要與祂們連結。讓祂們知道你想要與祂們合作，做好你該做的部分，讓這個世界變成更美好的地方。向指導靈保證，你願意接受祂們的指引，然後感謝祂們與你共事。
- 現在，坐下來，找個舒服的坐姿，但不要躺下，坐在椅子上也行。最讓人分心的事莫過於腳麻。

- 運用「靜坐生力量」，靜心使你的頭腦安靜下來。
- 召喚你的指導靈踏入你已經創建好的神聖空間。再一次，大聲的召喚你的指導靈踏進去。千萬不要省略這個步驟。如果你不邀請你的指導靈參與，祂們便無法幫助你，因為你有自由意志。
- 感謝祂們的蒞臨。如果你沒有證據顯示祂們在場，也無所謂。那並不意謂著祂們不在場。
- 再一次大聲說出你想要與你的首要指導靈連結的意圖。
- 等待回覆。

且讓我在這裡暫停一下。我知道這是你一直在等待的部分，也因此，這個步驟附帶許許多多的壓力。為了防止任何的失望發生，我想要解釋一下這事如何運作以及可以期待什麼。最重要的是，要好好抑制你的期待。聚焦在你的呼吸，而不是得到訊息。你的頭腦需要保持安靜和開放。因為聚焦在你的呼吸，你正在賦予呼吸一項任務，而那為你的指導靈騰出可以踏進來的空間。如果你心有所動，想要跳舞或唱歌或伸展，那就盡情的跳舞或唱歌或伸展。如果你寧可安靜的坐著靜心，那也很好。

保持呼吸，注意可能來自你的指導靈的任何信號。要信任出現的一切都是信號。記住那六項神通，記住你的主要神通可能不是靈視力或靈聽力。也許你真的很熱或很冷，或是鼻子發癢；周圍的空氣可能好像比平時更加凝滯或帶有更多電力；你的身體可能開始前後擺動；你可能覺得自己比平時大或比平時小。這些可能是非常微妙的改變。無論正在為你改變的是什麼，都要記錄下來，然後請求你的指導靈走出你的神聖空間。那個感官體驗還在嗎？現在請求你的指導靈回到你的神聖空間裡。如果那個感官體驗在祂們離開時消失了，而在你邀請祂們回來時又重新出現，那可能是你的指導靈的呼叫卡。重複這個過程，看看同樣的現象是否再次發生。假使確實如此，恭喜！你已經體驗到第一次與你的指導靈溝通。

儘管它可能是一種非常簡單的感官體驗，所以不可能回答你所有的問題，但是要知道，你已經與一位聰明的存有溝通了。下一次，你可能會接著問祂們一個「是」或「否」的問題。請祂們走出那個空間（停用呼叫卡）表示「否」，留在那個空間中

（如此你才能持續感應到呼叫卡）表示「是」。

再次強調，這需要練習。所以，如果你無法確定這次呼叫卡是否在場，千萬不要苦惱或生自己的氣。沒關係的。錯不在你。下次再試一次。現在，要信任你的指導靈在場。好好享受知道這點的樂趣，讓這段時間至少持續十五分鐘。

- 一旦結束典禮的時間到了，先感謝你的指導靈蒞臨，然後請祂們離開你的神聖空間。
- 深呼吸三次。擺動你的腳趾頭和手指頭。伸展一下，打個哈欠。完成你的身體要求你做到的任何事。慢慢的將你的覺知帶回到房間裡。
- 拿起筆和紙，寫下你在指導靈典禮的主要期間，體驗到的每一件事。不要遺漏任何東西，即使那東西看似無足輕重。如果救護車經過且引起你的注意，務必記錄下來。如果頸子後側寒毛豎起，務必記錄下來。現在那東西在你看來可能不重要，但是有時候，事後重讀筆記時，我們將領悟到自己錯過了來自指導靈的信號。此外，記錄每一件事能幫助我們抵制小我，小我可能會設法合理化我們的經驗。如果我們用書面形式將內容記錄下來，就無法改變情節。如果你喜歡，也可以把內容錄製成音頻或視頻。

* * *

必要的閉幕式

指導靈典禮的閉幕式，就跟準備和舉行典禮同樣重要。因此，即使基於不管什麼原因，你的典禮並沒有按照原本的預期進行，也不要忽略閉幕式，否則你會害自己在能量層面變得敞開和脆弱，那可能會造成莫名其妙的疲倦、能量流失、過度敏感。未經處理的情緒，可能會導致你易怒和抑鬱。

閉幕式

- 站起來，跺跺腳。然後轉向祭壇，拍手三下。兩種動作都幫助你腳踏實地，扎根在日常的現實中。
- 再次感謝你的指導靈與你互動。
- 檢查一下自己。你回到平凡的現實了嗎？任何不尋常的身體感官體驗，都應該已經停止了，你的視覺應該是正常的，呼吸應該回復到平時的節奏，情緒應該是控制得宜。如果不是這樣，請上下跳幾下，甩甩雙腿，搖搖手臂，放一丁點鹽在舌頭上或吃些麵包，你也可以按摩頭皮、雙臂、雙腿。
- 離開你的神聖空間，脫下身上的禮服。
- 拆除圓圈和祭壇。讓所有天然材料回歸大自然，而不是將它們扔進垃圾桶。其他物品回歸原處，回歸家中原位，或是你原本找到它們的地方。在這麼做的同時，你可以請求你的指導靈和宇宙，將你已經創造出來的任何多餘靈性能量，傳送給需要這些能量的人。
- 在能量上淨化那個空間。可以採用鼠尾草、祕魯聖木（palo santo）或柯巴脂（copal）。我偏愛找些當地土生土長的東西，例如迷迭香、白鼠尾草或艾蒿（mugwort），這麼做能幫助當地環境且尊重當地的自然靈。用這種方法潔淨這個空間是非常重要的，因為你不希望能量徘徊逗留。如果在戶外，你不知道之後誰會使用那個空間；如果在自己家裡，你也不希望家人接觸到他們可能不想要或無法處理的靈性能量。

- 接下來，你可以散散步或做瑜伽，或是投入寫作、繪畫、烹飪，或園藝之類的創意活動。你不會想要看電視、看書，或全神貫注在其他媒體。留些時間給自己，至少三十分鐘，然後才與其他人互動。即使你可能想要打電話給某位摯愛，告訴對方你的體驗，最好還是先讓事情安定下來，再讓自己接觸外界。無論做什麼事，千萬不要典禮一結束就開車或操作重型機械。
- 接下來幾天，要對靈的訊息保持警覺。通常，你不會在典禮期間得到答覆，但會在之後得到答覆。請記住，指導靈透過直覺、象徵、夢境溝通。在指導靈典禮過後，將夢境日誌擺在床邊（或是用手機錄音或錄影）是絕佳的辦法。每天早晨花幾分鐘時間記錄熟睡時發生了什麼事。白天期間，請注意不斷出現的任何象徵。最重要的事情是，要聽從你的直覺。你的指導靈將會幫助你，找到可以幫你在靈性之路上向前邁進且實現你的人生目的的地點、人員和情境。保持開放和正向，信任你的指導靈可以提供你需要的答案。期待得到指引，但不期待事情會如何發生。

* * *

恭喜，你剛剛完成了你的第一場指導靈典禮。你已經打開了通往靈界的大門，接觸到你的指導靈。祂們現在知道你已經準備好要擔任光之工作者的角色。這不會是無人察覺的，而且一定會有人十分感激。

現在，下一步是什麼？你從這裡去到哪裡？下一章，我們將會好好檢視一下該如何運用你與你的指導靈的連結，推動你的靈性進化、顯化你的夢想、活出你的人生目的、讓這個世界成為更美好的地方。

第13章

你來到這裡是為了完成什麼事？

既然你已經與至少一位指導靈連結了，我想要提醒你，你是光之工作者，基於某個原因來到這個地球上。你也是靈之工作者，身負使命。這個使命包括為自己創造幸福的人生，以及透過你的才華和天賦為你的家族、社群、整個世界服務。如果你還不知道如何服務，不用擔心。你的指導靈團隊隨時在場幫助你踏出這條路上的每一步。你也無須確切的知道你的人生方向。要有信心，一次邁出一小步，好好享受這趟旅程。

活出光之工作者的人生

活出光之工作者的人生，並不像聽起來那麼複雜。你不必是完美的，不必退休遁入修道院，不必下半輩子都在靜坐冥想。我們都是人類，多數人過著忙碌的現代生活。要與你自己的靈連成一氣，其他一切便會隨之而來，包括與你的指導靈和整個宇宙連結。

你該如何與自己的靈連成一氣呢？以下有五個對我來說有效的訣竅。不要為了完成這一切而感到有壓力，要看看哪一項讓你覺得比較輕盈、比較喜悅。輕盈和喜悅，是你走在正確道路上的絕佳信號。

一、靜心冥想

與你的靈連成一氣的第一個方法，是靜心冥想。我們已經討論過「靜坐生力量」。定期「靜坐生力量」的好處是，它使你接觸到自己的能量。大多數人從來沒有體驗過這種情境。通常，我們聚焦在外在世界。假使我們確實曾經花時間全神貫注於自己的內在生活，就會利用它來批評自己，時常批評到抑鬱沮喪的地步。「靜坐生力量」可以改變這點。當我們以這種方式靜心冥想時，讓自己可以體驗到內在的美、實力、靈。它使我們的獨特才華和天賦，能夠在我們眼前揭露出來。因此，我們有自信可以走出去，走進世界，做好我們的部分。我們知道自己的價值，不怕綻放光芒。

你應該多久讓自己做一次「靜坐生力量」呢？要盡可能時常「靜坐生力量」。每週一次，一次持續十五分鐘，這很讚。每週三次、乃至每天三次也很讚。但是要沒有壓力，要做好對你來說對的事，做好能夠讓你融入自己日常生活的事，只要定期「靜坐生力量」且好好遵守你選擇的時間表即可。

二、祈禱感謝宇宙

祈禱是改善你與靈連結的另一種好方法。我自己目前還在針對這點下工夫。就在幾年前，我把祈禱與宗教聯想在一起，因此並不感興趣。現在我改變想法了。祈禱的重點並不是朗誦源自於幾百年前、乃至幾千年前且我們並不了解的神聖經文，它的重點不是乞求或服從某個高階力量。

兩次簡單的心態轉換，為我開啟了祈禱之路。其一是，我開始理解，祈禱是和宇宙對話，而靜心則是聆聽答案。這在我看來很有道理。其二是，我學會了運用祈禱為我想要的東西預先感謝宇宙，而不是因為請求我想要的東西而讓匱乏永遠存在。這讓我們與顯化的法則連成一氣，顯示出我們信任事情必會如我們所願。

三、深思熟慮的生活

我的第三則建議，是深思熟慮的生活。這聽起來很模糊，所以讓我解釋一下。深思熟慮的生活意謂著，在你的生命中做出慎重的抉擇。不要追隨眾人去做別人都在做的事或別人告訴你要做的事，要做出有意識的抉擇。你想要創造什麼？你想要留下什麼遺產？你如何展望你的日常生活？這些是你想要仔細思量的問題。身為有遠大志向的光之工作者，這是你的首要任務。你是獨一無二的靈魂。如果你不完成你來到這裡所要做的事，那就沒有人會完成了，因為沒有人做得到。

四、提供服務

服務是活出光之工作者的人生的最後一部分。一開始要為自己服務。這聽起來很自私，但事實並非如此。如果你不開心，你就無法為其他人創造快樂幸福。靜心冥想、祈禱、深思熟慮的生活，全都是服務和滋養你的靈的一部分，也因此鞏固你與你的指導靈以及宇宙的連結。唯有到那時候，你才發現和活出自己的人生目的，準備好為他人服務。我們將在本章稍後更詳細的談論這點。現在我想要提到的是，活出你的人生目的與找到理想的工作不是相同的。前者比較強調每天帶著目的生活以及找到小方法提供服務。無論你如何維持生計，服務也是發現你的人生目的的最佳方法。

此外，服務並不意謂著你必須成為療癒師或薩滿，你可以擔任爸爸、潛水教練、律師或友善的鄰居。

五、知道你的使命

最後，活出光之工作者的人生，重點在於，覺知到你正在執行任務。你在這裡是為了讓這個世界成為更美好的地方，你的指導靈將會幫助你做到這點。一路上，祂們將會幫助你在心靈上發展、顯化你夢想的人生、活出你的人生目的。

心靈發展的能力提升

在我解釋你的指導靈如何幫忙你的心靈發展之前，且讓我定義一下這個詞。當我談論「心靈發展」時，我的意思是發展你的直覺的、心靈的、靈媒的能力。你可能會認為這些是三個獨立的能力，但事實並非如此。它們全都落在同樣的頻譜上，相互交織，建立在彼此之上。那六項神通是我們用來接收直覺、心靈、靈媒信息的工具。我們有意識的運用它們的先進程度，決定了我們用什麼詞彙來描述那個體驗。當我們運用六項神通接收來自我們的高我的信息時，談論的就是「直覺」。當我們變得更加敏感，且能夠在這個三維世界中接收關於其他人、地點、事件的信息時，就叫做「心靈能力」。如果我們允許自己變得更加敏感，且從其他界域（例如靈界）獲得信息時，就稱為「靈媒能力」（mediumistic ability）。我知道我之前提過這點，但重要的是要提醒你自己，我們全都具有這些能力，而且可以進一步發展這些能力。就連你也不例外。

發展我們的心靈能力的好處是多方面的。我們的直覺變得愈好，我們的自信心就益發增長，因為我們知道可以信任和依賴我們的高我。我們了解它一定會一直支持我們，因為它是我們的一部分。沒有什麼能夠且將會擋在我們與我們的高我之間。這樣的了解，使我們在人生中覺得不那麼失落和迷惘。我們可以帶著篤定和清明向前邁進。

心靈發展也改善了我們與其他人、動物、自然環境的關係。發生這種情況，是因為我們可以更好的感應到對方以及對方的需求。我們的慈悲心增長，不太傾向於只是想到自己的利益。這導致不那麼寂寞，可以防止抑鬱和感覺斷離。我們領悟到我們絕不孤單，始終被愛包圍著。

最後一個好處是，與我們的宇宙幫手的溝通愈來愈好、愈來愈輕易，因為我們更加信任自己的靈媒能力。我們理解這個過程的基本法則，不懷疑我們可以做到。我們已經發展出足夠的敏感度，可以持續獲得甚至是來自指導靈的最微妙信息。我們不必花太多心力與祂們連結，可以幾分鐘內便調頻進入，不再需要為每一個小問題舉行一場完整的典禮。

你的指導靈該如何幫助你發展心靈？首先，你需要請求祂們協助你開發神通。如果你不請求，祂們無法協助你。為這個目的創建一場典禮。從第3章的測驗決定，你的前三位主要指導靈之中，哪一個可以在這方面最好的幫助你。仔細檢查你的筆記，重新閱讀描述那些指導靈的章節。聽從你的直覺並做出選擇。

然後，運用代表你的心靈發展的祈禱、道具、意圖，開始準備典禮。舉個例子，也許你做了預知的夢，讓你看見未來將會發生什麼事，於是你想要開發這種能力或更好的理解它。找一顆枕頭和一塊月光石水晶，穿著你最愛的睡衣舉行典禮。你甚至可以睡在為典禮選擇的地點。如果你想要致力於更加信任你的直覺，不妨找一些塔羅牌，用塔羅牌建立典禮空間的邊界。既然我們將直覺與第三眼和靛藍色聯想在一起，那就找一件靛藍色的襯衫或一條靛藍色的圍巾，甚至是用靛藍色的指甲油在你的額頭中間畫一個眼睛。好好發揮創意，讓你的想像力引導你。還有什麼與你正在尋求的那種心靈發展有關聯呢？要勇於創新，讓那場典禮盡可能的個人化。你的能量流入典禮愈多，典禮就會愈成功。

一旦典禮結束，你將會發現自己處在可以練習運用你的心靈能力的情境中。也許你必須做個小小的決定，例如接下來要讀哪一本書。把這當作練習讓直覺引導你的機會。你的宇宙幫手們將會提醒你注意這些時機，而且一路上鼓勵你。讓這成為你與祂們每天玩耍的遊戲。你可以將「運用直覺」融入工作和空閒時間。如果你與別人合作，猜猜對方當天的毛衣會是什麼顏色，或對方會是什麼心情。你經常講電話嗎？接起電話前，先嘗試感應一下你接下來會跟男性還是女性講話？對方幾歲？如果定期這麼做，你一定會發現提升技能是輕而易舉的。那也很好玩，何況還給你機會與你的指導靈共度時光，可以更好的了解祂們。如果你不想，就不必告訴任何人這件事。或者如果你偏愛，也可以讓你的家人、同事、朋友參與進來。孩子們喜愛玩這些類型的遊戲，而且長大後對他們有好處。

顯化你的夢想

你的指導靈也可以幫助你顯化你的夢想，這是人們為什麼尋求與自己的宇宙幫手連結的主要原因之一。可是追求你的夢想不是很自私嗎？我在這裡告訴你，追求你的夢想並不自私。支付賬單、擁有你喜愛的工作、保持健康、為家人提供他們需要蓬勃發展的能力，這些將會使你能夠聚焦在他人的福祉。如果你正在努力滿足自己的基本需求，那就沒有多餘的時間和精力，讓這個世界成為對他人來說更美好的地方。此外，顯化你的夢想也啟發他人並讓他們看見，想要幸福快樂且充實滿意是可行的。

那是否意謂著你的指導靈將會幫助你變得名利雙收？這視情況而定。假使名利雙收將會幫助你實現你今生的目的，那麼名利雙收將會成為你的一部分道路。因此，你的指導靈可以幫助你達成這個目標。不過，如果你的願望是自私自利，那麼名利雙收一定不會出現。你的指導靈不是在場服務你的小我，而是服務你的靈魂。你的夢想必須是與你今生化身所要達成的目的相輝映，然後你的指導靈才會幫你顯化。然而，無論你的天命可能是什麼，要知道你的人生目的，並不是要活在貧窮和悲慘之中。我們每一個人都值得感覺到快樂幸福和充實滿意。

然而，我自己的指導靈已經說得很清楚，我們不可能只是依賴——我們的指導靈讓事情發生而自己卻坐在家中靜心冥想。我們生活在物質的三維世界，需要與這個世界互動且每天採取行動，才能創造我們希望看到的改變。如果我們想要健康，就需要吃得健康、動動身體、保持健康的思想。如果我們想要賺更多的錢，就需要學習找到高薪工作所需要的技能，或是開始自己創業。顯化的重點不在於，像贏得樂透彩一樣等待奇蹟發生，它的重點在於，每天朝著我們想去的方向邁出一小步。這讓宇宙看見，我們是認真的，願意投入時間和精力實現我們的夢想。唯有那時候，宇宙才會做出回應，與我們在半途相遇。所以，我們需要好好規劃。

定義你的目標

首先，我們需要將自己的夢想，分解成為一個個可以達成的目標。沒有明確的目標，我們不知道應該朝哪個方向出發，以及何時到達目的地。舉例來說，「我想要更好的工作」可能聽起來像是很讚的目標，但事實並非如此。它不夠具體。「更好的工作」對你來說是什麼意思？為你賺更多錢的工作嗎？還是讓你在家上班的工作嗎？還是更適合你的技能的工作？你想要達成什麼？你的目標愈具體、可量測、可執行，以結果為導向且有時間限制，就愈容易制定達到目標的計畫。「我希望在一月前找到一份工作，讓我可以在孩子放學回家時陪伴他們、可以賺到總額X的金錢、運用我擔任行政助理的技能。」這是你可以據之採取行動的目標。你可能還不知道那份工作是什麼，但是你已經設定了盡可能清晰的參數。現在，列出一系列達到目標可能需要採取的行動步驟，將會容易許多，然後你可以每天朝目標邁進，而且你可以不再向家人、朋友、同事抱怨你的舊工作，而是告訴他們你的計畫，於是他們可以為你提供訣竅、激勵你、一路上幫助你。

請求幫助

既然你已經做好了你的部分，現在是時候了，該向你的指導靈們請求幫助。你可以請求祂們協助你完成你的總體目標，或是達成這份計畫的下一部分。特地為這個目的創建一場儀式，運用對你來說代表顯化技能的禱告、道具、意圖。在占星學中，摩羯座是具有超讚顯化技能的星座。你可以將摩羯座的象徵符號畫在紙上，將紙放在你的祭壇上，不然就是找一塊連結到顯化的水晶。也許你可以利用花園中的泥土，代替鹽或石頭來圍成你的圓圈。規劃典禮時，要有創意且玩得開心。你想要與哪一位指導靈互動？蒐集代表祂們的水晶、音樂、鮮花和食物，也蒐集代表你的目標的項目。舉個例子，如果想要將閒置的房間轉換成居家辦公室，你可以在那裡舉行典禮，穿上你打算在裡頭工作時穿著的舒適瑜伽褲。或是你可以製作一面願景板，有孩子照片提醒你，一旦你找到了新工作，他們會非常開心有更多的時間跟你在一起。製作你想要找到的招聘廣告，將它擺放在你的祭壇上。

一旦朝顯化你的夢想邁出步伐，你也會自動開始活出你的人生目的，因為我們的夢想往往是信號，帶領我們去到我們來到這裡所要做的事。活出你的人生目的，是我們接下來將要談論的內容。

活出你的人生目的

我們生活在轉化的時代，現在是光之工作者站出來採取行動的時刻。網際網路的發明，是水瓶座時代（Age of Aquarius）開始的信號，它促成了世界各地的許多改變，在不同層面衝擊著數百萬的人們。它瓦解了許多的傳統產業，例如新聞、音樂、出版，以及我們的購物方式、彼此溝通的方式等等，我們也經歷著政府、政治、金融方面的重大改變。

一如既往，在新的做事方式出現之前，我們經歷到一切似乎分崩離析的階段。舊方法不再有效，導致許多人迷惘和恐懼，這是光之工作者切入的地方。我們為此培訓，在歷史上的這個時間點化身為人，為的是幫助他人度過這些轉換，為眾生創造更美好的未來。在這個轉化蛻變的過程中，我們是不可或缺的。

如果我們逃避責任，所有人都會飽嚐苦果。所以，你準備好了嗎？只有你可以做好你來到這裡所要完成的工作，沒有人可以為你做到，因為只有一個你。要麼你需要找到你的人生目的，要麼，如果你已經活出你的人生目的，請更加深入探究。好消息是，你並不孤單，你的指導靈在場提供幫助。祂們一直在向你發送這方面的信號。現在是時候了，該要好好理解並根據信號採取行動了。

然而，不要指望你的指導靈為你提供超級具體的指示，說明如何實現你的人生目的。實現人生目的不是那樣運作的。我們的人生目的是始終不斷進展的工程，需要時時修正。所以我們的指導靈給予我們提示和輕推。如果我們不根據這些採取行動，祂們將會以一百萬種不同的方式重複那則訊息，直到我們收到訊息為止。這是許多人被困住的地方。我們想要看見最終目標，實際上，活出我們的人生目的，更像是爬上一座峰頂有雲朵籠罩的山脈。除非我們持續耐心的將一隻腳放在另一隻腳前方，否則永遠看不見山頂的樣子。

這一切的重點在於，根據我們的宇宙幫手的指引採取每天的行動。有一天，我們將會領悟到，我們可以從那座山頂往下看，看見帶領我們到達那裡的路徑，以及我們人生的總體目的是什麼。它可以像是「在銷售過程中運用男女平等原則，在網際網路上開發銷售產品的方式」那樣具體，也可以像「使人們更常微笑，才能提升地球上的整體振動」那樣廣泛。但是現在，在揭露它的過程中，我們位於哪個位置都無關緊要，總是有一步可以讓我們邁向正確的方向，即使，舉個例子，我們唯一知道的是，自己想要「做些與動物相關的事」。我們不需要為了創造改變而謀求那方面的夢想工作；我們可以從在當地的動物收容所擔任志工，或主動提議替鄰居遛狗開始。

再次強調，你不必知道最終目標；你唯一必須做的是，每天活得有目的。然後你的人生目的就會自動展現出來。

第一步要為這個目的特地創建一場典禮。請求你的指導靈揭示，你今天可以朝正確方向邁出的一小步。不要忘記請求指導靈讓這一步是具體的、可量測的、可執行的、以結果為導向、有時間限制的。蒐集代表你想要互動的指導靈，以及代表你的目的的水晶、音樂、鮮花、食物等等。舉個例子，你可能已經領悟到你喜歡啟發人們，但是以什麼形式呢？找幾本雜誌，製作一面你可以擺放在祭壇上或懸掛在祭壇上方的願景板。剪下有勵志名言以及你想要與之互動的人們的圖片；穿上使你感覺得到啟發和善於社交的衣服；研究哪些水晶促進溝通或打開心輪。好好發揮創意，而且玩得開心。一旦你來到敞開來迎接來自宇宙幫手的答覆的部分，答案可能就會以你以前曾經有過的構思或想法的形式出現。你的指導靈的答案並非總是新鮮的、新奇的。也許你曾經考慮用鮮花歡迎你的新鄰居，但是一直沒有付諸行動。現在就行動吧。其中一位鄰居可能是正在尋找助手的勵志演說家。你永遠預料不到——哪裡會找到下一個活出你的人生目的的契機。

一旦朝著實現你的人生目的邁出步伐，你也就開始讓這個世界成為更美好的地方，因為你充當靈界與塵世之間的橋梁，這就是我們接下來要談論的內容。

靈性的行動主義

你今生化身為人，為的是讓這個世界成為更美好的地方。我們需要較少的分歧、虐待和恐懼。所有這一切都有可能不僅毀滅人類，而且毀滅生活在這個星球上的許多其他物種，更甭提環境本身。我們的自我毀滅行為，也影響到其他維度和界域，因為大家全都是以我們甚至還無法理解的方式相互連結。改善這點是所有光之工作者在出生之前同意承擔的任務。我們每一個人都以個人的方式完成這件事，運用自己獨特的技能、才華、天賦，我將這項工程叫做「靈性的行動主義」（spiritual activism）。它是採用靈性法則，且將靈性法則應用在物質世界的行為。我們這麼做是為了替我們自己、我們的家人、我們的社區，以及整個世界創造更包容、協作、和平的地方。

既然你是光之工作者，又是靈之工作者，你的靈性行動主義採取的形式，是成為靈界與人類世界之間的橋梁。你就像一根吸管，聖靈從一頭流到另一頭。你實質上就是靈媒，不是傳統意義上傳遞來自靈的訊息（除非你想要那麼做），而是因為從靈界流出的能量可以透過你顯化在物質世界。這可以透過你身為畫家、作家、園丁或廚師的創意努力發生，或是透過你與兒童、動物或環境的合作完成，或是透過你一生擔任待在家裡的父親、會計師、學生，或提早退休人員實現。重點在於，你正在透過聖靈啟發的行動，讓這個世界成為更美好的地方。為了有效完成這個任務，你希望讓聖靈推動你每天採取行動，即使只是芝麻綠豆般的小事，例如在網際網路上回答某人的問題，又或許是一件大事，例如成立非營利組織，讓你最愛的森林保持清潔。只要你是根據愛、慈悲、善意之類的靈性法則行動，你就是在擔任世界之間的橋梁，因此也是靈性行動家。

當個靈性行動家，最重要的部分是吩咐你的小我不要擋路。你不想擺脫小我，因為你需要它才能在我們的物質世界存活下去，但是你想要將小我暫且擱置一旁，讓聖靈可以透過你工作。稍早，我用過橋梁或吸管的意象來解釋靈性行動家的工作。如果橋梁或吸管堵塞了，就無法落實預期的功能。如果你放任小我隨意馳騁，就會發生這樣的事：小我製造恐懼，於是你覺得卡住了。「靜坐生力量」是練習將小我移開不擋道的最佳方法。小我不會消失，但是你可以在必要的時候轉換它，讓它為你所用，而不是不利於你。

本章涵蓋的每一個主題，都是成為靈性活動家的一部分。靈性發展是必不可少的，因為它使我們能夠與自己的指導靈團隊溝通。一旦學會如何顯化自己的夢想，我們就會有自信以自己的力量改變現實，創造想要見到的改變。當我們發現並活出自己的人生目的時，它將會為我們提供實踐我們的靈性行動主義的方法和工具。每一項技能都建立在其他的技能上，這並不意謂著你必須按照順序參透這一切。這不是一條線性路徑，它是迂迴的。舉例來說，你可能會發現某位新的指導靈，祂揭開一層你該如何活出你的人生目的的新方法。無常是人生中唯一不變的東西，要從你在那一刻覺得最受吸引的領域開始。

為了邁出身為靈性行動家的第一步，不妨向你的指導靈請求幫助，讓祂們啟蒙你成為靈性行動家。這意謂著什麼？意謂著你設定了意圖，要幫忙讓這個世界成為更美好的地方。然後你讓你的指導靈了解這個意圖，為了這個目的特地創建一場典禮，運用在你看來代表更美好世界的祈禱、道具、意圖。選擇你的主要指導靈之一合作。仔細查看你的筆記或相關章節，根據指導靈的特徵、天賦、挑戰定製典禮。現在為這場典禮選擇一個恰當的地方，蒐集你將會需要的工具、道具、音樂、衣服、祭品等等。你希望在世界上看見什麼樣的改變呢？哪些項目代表那些改變？如果你想要幫助更多女性進入職業舉重世界，請帶著現任女子世界冠軍的照片。如果你希望自家附近有更多的綠色空間，請用室內盆栽創建一個典禮圈。發揮你的想像力。凡是使你進入正確心態的東西，都會有所幫助。讓這場典禮盡可能符合你的意圖，請記住，你是世界之間的橋梁，改變可能會發生。

結語——

魔法與奇蹟

人生不是直線形，它呈螺旋形展開，始終帶我們回到起點，在更高階、更有意識的層次上重新開始。在本書開頭我告訴你，我如何發現自己正活出由聖靈引導的人生，而且你也是這樣。也許你當時不相信我，即使你跟我一樣感覺到內心深處的呼喚。你可能不知道那是什麼意思或該怎麼做，但是那份呼喚使你拿起了這本書，這就是聖靈。

我希望現在，在發現哪些類型的指導靈與你共事，且透過舉行指導靈典禮與祂們連結之後，你信任且聽從活在你心中的那個聲音，領悟到你確實活出由聖靈引導的人生。你現在知道你與你的宇宙幫手（聖靈的大使們）的連結，而且你擁有與祂們溝通的工具。你的指導靈們讚賞你，因為遵循我在這些篇章裡為你安排的那條路，而投入的時間和心力。那使祂們可以更輕易的幫助你——完成你來到這裡所要完成的事。

這標明本書的結尾以及你的一個新開始。你在你的靈性發展方面，已經抵達了新的層級，而且準備跨出下一步，讓這個世界成為更美好的地方。

對我來說，道別的時間到了。我們已經一同來到了我們的旅程的盡頭。不管怎樣，請來社交媒體上找我，打個招呼，與我分享你的故事。我等不及要聆聽故事了。在那之前，我會把你留給你那些能幹的指導靈照顧，祂們將會帶領你穿越人生的下一階段。如果你一路上感到迷惘、失落乃至害怕，請回去聆聽內心深處聖靈的聲音。只要聽從聖靈的聲音，你就不會出錯。

事實上，一旦你停止試著靠自己完成每一件事，並請求你的指導靈在你的人生旅程上護持你，魔法和奇蹟就等待著。它們可以幫助治癒過去的創傷，讓你可以向前看，展開雙翼，然後飛翔。我希望能夠透過我曾經與你分享的人生故事來闡明這點。我從被遺棄的嬰兒開始，一路上感到失落和孤獨的進入成年，治癒我的情緒創傷，發現我的靈性能力，運用它們活出我的人生目的，有幸與你分享我一路上學到的一切。

你的指導靈將會協助你與你的高我連成一氣，增強你對宇宙和自己的信任，開發你的天賦和才華，找到你的人生目的。祂們將會幫助你培養勇氣和領導能力，創造你想要看見的世界，一個更加包容、和平、協作的世界。我們需要你和你對未來的憧憬，尤其是如果你過去曾經被邊緣化。我們需要囊括新的視角，找到方案解決我們今天面臨的問題。

如果缺少幾個部件，我們就解不開謎題。而且我們承受不起只以一種方式觀看世界。引入過去曾經被忽略的指導靈類型，是擴展那個觀點的一種方法。在你的指導靈的幫助下，你將會把哪些新的視角帶到檯面上呢？

附錄

很高興在我的網站提供以下資料。

請造訪：**TheSevenTypesOfSpiritGuide.com/bonuses**

1. 工作簿

一份可下載的工作簿，內含日誌記錄提示，也可以在這裡記錄你的閱讀心得、做筆記、蒐集第12章指導靈典禮所需要的一切信息。

2. 引導式靜心

第11章「靜坐生力量」（*Sitting in the Power*）靜心的引導式音頻版本。

3. 測驗

第3章「指導靈測驗」的線上版本。

希望你發現這些資源對你的旅程是有幫助的。

致謝

我想要感謝支持和鼓勵我成為今天的我的每一個人。在艱難時期，你陪伴在我身邊，聆聽我的恐懼和擔憂，讓我靠在你的肩膀上哭泣。而且你和我一起大笑和做夢，讓我可以從你的眼睛的鏡映看見我自己。或許你根本不認識我，但是你的作品、你的著作、你的構想，已經啟發我發現自己內在全新的天賦、才華和技能。

我也感謝多年來挑戰我、使我面對自己的恐懼和缺點、強迫我治癒靈魂的破碎部分的人們。你們使我變得更強大、更有彈性，也因此成為更好的人。

特別感謝我在柏林的工作人員和數位遊牧民族（digital nomad）朋友，他們分享了我的許多探險經驗，讓我領悟到具支持作用的朋友社群是多麼的重要。

最後且同樣重要的是，我想要感謝蜜雪兒．皮利（Michelle Pilley），以及整個英國賀氏書屋（Hay House UK）團隊相信這本書值得出版。與你們合作是十分榮幸和愉悅的。

我衷心祝福大家！

國家圖書館出版品預行編目（CIP）資料

指導靈全書：召喚七種靈性幫手，完成你的今生使命 / 賈米莉．潔穆賈（Yamile Yemoonyah）著；非語譯. -- 初版. -- 臺北市：橡實文化出版：大雁出版基地發行，2021.09
譯自：The seven types of spirit guide : how to connect and communicate with your cosmic helpers.
面； 公分
ISBN 978-986-5401-78-8（平裝）

1. 超心理學 2. 通靈術 3. 靈修

175.9 110011567

BC1098

指導靈全書：召喚七種靈性幫手，完成你的今生使命

The Seven Types of Spirit Guide: How to Connect and Communicate with Your Cosmic Helpers

作　　者　賈米莉．潔穆賈（Yamile Yemoonyah）
譯　　者　非語
責任編輯　田哲榮
協力編輯　朗慧
封面設計　小草
內頁構成　歐陽碧智
校　　對　吳小微

發 行 人　蘇拾平
總 編 輯　于芝峰
副總編輯　田哲榮
業務發行　王綬晨、邱紹溢、劉文雅
行銷企劃　陳詩婷
出　　版　橡實文化 ACORN Publishing
231030 新北市新店區北新路三段 207-3 號 5 樓
電話：（02）8913-1005　傳真：（02）8913-1056
網址：www.acornbooks.com.tw
E-mail 信箱：acorn@andbooks.com.tw
發　　行　大雁出版基地
231030 新北市新店區北新路三段 207-3 號 5 樓
電話：（02）8913-1005　傳真：（02）8913-1056
讀者服務信箱：andbooks@andbooks.com.tw
劃撥帳號：19983379　戶名：大雁文化事業股份有限公司

印　　刷　中原造像股份有限公司
初版一刷　2021 年 9 月
初版六刷　2024 年 4 月
定　　價　420 元
I S B N　978-986-5401-78-8